100 FANTASTISKE OMELETTOPPSKRIFTER

Enkle og deilige omelettoppskrifter
for å gjøre dagen din

Maria Eide

© COPYRIGHT 2022 ALLE RETTIGHETER RESERVERT Dette dokumentet er rettet mot å gi nøyaktig og pålitelig informasjon om emnet og problemstillingen som dekkes. Publikasjonen selges med ideen om at utgiveren ikke er pålagt å utføre regnskap, offisielt tillatte eller på annen måte kvalifiserte tjenester. Hvis rådgivning er nødvendig, juridisk eller profesjonell, bør en praktisert person i yrket bestilles.

Det er på ingen måte lovlig å reprodusere, duplisere eller overføre noen del av dette dokumentet i verken elektroniske midler eller trykt format. Opptak av denne publikasjonen er strengt forbudt, og all lagring av dette dokumentet er ikke tillatt med mindre det er skriftlig tillatelse fra utgiveren. Alle rettigheter forbeholdt.

Advarsel Ansvarsfraskrivelse, informasjonen i denne boken er sann og fullstendig så vidt vi vet. Alle anbefalinger er laget uten garanti fra forfatterens eller historiepubliseringens side. Forfatteren og utgiveren fraskriver seg og ansvar i forbindelse med bruken av denne informasjonen

Innholdsfortegnelse

INNLEDNING 9

OMELETTER OPPSKRIFTER 10

1. Paprikaomelett med urter 10

2. Purrefrittata 13

3. Omelett med sopp og cheddar 15

4. Osteomelett med urter 17

5. Tomat- og baconomelett med feta 19

6. Hirseomelett med nektariner 21

7. Omeletter med pasta og blandede grønnsaker 23

8. Spinat- og osteomelett med laks 26

9. Fylt omelett 28

10. Omeletter med zucchini 30

11. Omelett med laks og agurk 32

12. Soppomelett med tomater 34

13. Skinke og rucola frittata 36

14. Zucchini geitost quiche 38

15. Paprika og potet tortilla 40

16. Omelett Caprese 43

17. Omelett av Keto-ost 44

18. Frokostomelett 47

19. Ostomelett med urter 49

20. Osteomelett 51

21. Frittata med skinke og feta 52

22. Tortilla med spinat 54

23. Omelett med løk og oliven 56

24. Spansk potettortilla 58

25. Omelett fylt med feta 61

26. Couscoussalat med jordbær 63

27. Tangomelett 66

28. Omelett med spinat og asparges 68

29. Baconomelett 71

30. Zucchini og pepper tortilla 73

31. Italiensk omelett med erter 76

32. Potetomelett i spansk stil 78

33. Osteomelett 80

34. Tomatomelett med saueost 81

35. Omelett med feta og grønnsaker 83

36. Frittata med zucchini 85

37. Omeletter med purre og bacon 86

38. Mangoomelett 88

39. Paprika og potet tortilla 90

40. Omeletter med zucchini 92

41. Omeletter med grønnsaker, krutonger og tofu .. 94

42. Mellommåltid med skinke og omelett 96

43. Grønnsaksomelett 97

44. Omeletter med frukt 100

45. Aubergineomelett 101

46. Omelett med østers 103

47. Ris med omelett, bacon og sikori 105

48. Omelett med bønner og skinke 108

49. omelettrullade 110

50. Svinekjøttomelett 112

51. Ris- og kjøttomelett 114

52. Blomkålomelett 116

53. omelett med ricotta og parmesanost 118

54. Potetomelett 120

55. omelett med ost og soyasaus 122

56. Kalkunrulade, omelett og spinat 124

57. Omelett med bacon, poteter og asparges 127

58. Omelett med krutonger og bønnespirer 129

59. Omelett med brokkoli, skinke og krutonger 131

60. Svinekotelett med omelett, ris og mais 133

61. Fransk omelett 136

62. Omelett med poteter, asparges og ost 138

63. Omelett med poteter, asparges og ost 140

64. Tofu-omelett 142

65. Biffomelett 143

66. Omelett med kyllinglever 145

67. Omelett med reker og sopp 147

68. Tortilla med omelett 149

70. Omelett med salami og løk 151

71. Biffomelett 153

72. Omelett med ost og brokkoli 156

73. Omelett i brød med bacon og urter 158

74. omelett med morkler og spinat 159

75. omelett med reker og sopp 161

76. Marokkansk omelett 164

77. Geitosteomelett med basilikum 166

78. Vill hvitløksomelett 167

79. Skinke- og osteomelett 169

80. Hytteomelett 172

81. Potetomelett med ost 174

82. omelett med kantareller 176

83. omelett med reker 178

84. Omelett fylt med feta 180

85. omelett med frukt 182

86. Spaghetti-omelett 183

87. Urteomelett 185

88. Hagefriske omeletter 186

89. Avokadotoast og omelett 189

90. Zucchini Omelett med urter 191

91. Fullkornsbrød med omelett og bakte bønner 193

92. Asparges og skinkeomelett med poteter og 195

persille 195

93. Geitosteomelett med ruccola og tomater 198

94. Osteomelett med urter 200

95. Tunfiskomelett 201

96. Omelett med kjøttkake 203

97. Sunn omelett 205

98. Pizzaomelett 207

99. Eple- og baconomelett 209

100. Vegansk omelett 210

KONKLUSJON 211

INTRODUKSJON

En omelett er et kulinarisk preparat laget av hele egg som er pisket og kokt i en panne (sautert). Det er IKKE en enkel omelett brettet eller rullet på seg selv, men snarere et preparat med en veldig distinkt form og konsistens (forskjellig mellom utsiden og hjertet av maten).

Den originale omelettoppskriften er fransk, som navnet tilsier.

Næringsinntaket til omeletten varierer avhengig av formuleringen; i praksis kan omeletten bestå av: egg, animalske ingredienser, grønnsaker og fett fra krydder. Fordøyelighet varierer sterkt fra en tilberedning til den neste, men (i gjennomsnitt) regnes denne tilberedningsmetoden som en av de beste.

OMELETTER OPPSKRIFTER

1. Paprikaomelett med urter

- Tilberedning: 10 min
- koking på 20 min
- porsjoner 2 **ingredienser**

- 4 egg
- salt
- pepper
- 2 håndfuller blandede urter (f.eks. basilikum, persille, timian, dill)

- 100 g kikerter (glass; avrent vekt)
- 1 rød paprika eller grønn paprika
- 1 gul paprika
- 2 ss olivenolje
- 75 g pecorino eller annen hard ost

Forberedelsestrinn

1. Pisk eggene, smak til med salt og pepper og visp godt. Vask urter, rist tørr og hakk halvparten. Tilsett de hakkede urtene i eggedosisen.
2. Tøm kikertene, skyll og renn godt av. Rens, vask, halver og skjær paprikaen i strimler. Varm 1 ss olivenolje i en panne, tilsett kikerter og paprikastrimler og stek på middels varme i 3-5 minutter, snu. Salt og pepper og sett til side. Riv pecorinoen fint.
3. Varm ½ ss olivenolje i en annen, liten panne. Tilsett halvparten av eggedosisen og dekk hele bunnen av pannen. Dekk til og la stå over svak varme i ca 5-7 minutter. Legg halvparten av grønnsakene og halvparten av

osten på den ene siden av omeletten. Brett inn omeletten og legg på en tallerken. Gjør det samme for den andre omeletten.
4. Plukk de resterende urtene grovt og fordel på omelettene. Server umiddelbart.

2. Purrefrittata

- Forberedelse: 15 minutter
- koking på 25 min
- porsjoner 4 **ingrediens**

- ½ fret vårløk
- 1 håndfull friske urter (f.eks. dill, persille, koriander)
- 2 ss olivenolje
- 8 egg

- 50 ml kremfløte
- 20 g parmesan (1 stk)
- salt
- pepper
- 50 g ruccola

Forberedelsestrinn

1. Rens og vask vårløken og skjær den i diagonale strimler. Vask urtene, tørk, plukk og grovhakk.

2. Varm opp oljen i en stor non-stick panne (eller to små panner) og fres vårløken i 3-4 minutter til den er gjennomsiktig. Riv parmesanen fint. Pisk eggene med fløte, urter og parmesan. Smak til med salt og pepper. Hell over vårløk, bland kort og la trekke over svak varme i ca. 10 minutter (ikke rør mer). Når undersiden er brunet, kutt i 4 biter med en slikkepott. Stek på den andre siden i 2-3 minutter til de er gyldenbrune.

3. Vask raketten og rist den tørr. Server frittataen toppet med rucola og drysset med parmesan om du vil.

3. Omelett med sopp og cheddar

- Tilberedning: 25 min
- porsjoner 4 **ingredienser**

- 300 g brun sopp
- 1 sjalottløk
- 2 ss olivenolje
- salt
- pepper
- 8 egg

- 100 ml melk (3,5 % fett)
- 1 klype gurkemeiepulver
- 90 cheddarost (3 skiver)
- 10 g kjørvel (0,5 haug)

Forberedelsestrinn

1. Rens soppen og skjær den i skiver. Skrell og finhakk sjalottløken. Varm 1 ss olivenolje i en panne. Tilsett sopp og sjalottløk og fres i 3-4 minutter på middels varme. Smak til med salt og pepper, ta ut av pannen og sett til side.
2. Pisk egg med melk. Smak til med 1 klype gurkemeie, salt og pepper. Pensle en belagt panne med litt olje, tilsett 1/4 av eggedosisen og rør rundt for å fordele den jevnt. Topp med 1/4 av den stekte soppen. Kok omeletten på middels varme i 2-3 minutter og la den brunes lett.
3. Plukk 1/4 av cheddaren i biter, dekk omeletten med den, skyv ut av pannen og hold varm i forvarmet ovn på 80 ° C. Bruk resten av eggeblandingen, den resterende soppen og cheddaren, stek 3 stk. flere omeletter på samme måte og hold dem varme.

4. Vask kjørvelen, tørk og plukk bladene. Pynt omelettene med pepper og kjørvelspisser og server.

4. Osteomelett med urter

- Tilberedning: 5 min
- koking på 20 min
- porsjoner 4 **ingredienser**

- 3 stilker kjørvel
- 3 stilker basilikum
- 20 g parmesan

- 1 sjalottløk
- 8 egg
- 2 ss creme fraiche ost
- 1 ss smør
- 150 g saueost
- salt
- pepper

Forberedelsestrinn

1. Vask kjørvel og basilikum, rist tørr og grovhakk. Riv parmesanen. Skrell og finhakk sjalottløk. Pisk eggene med crème fraiche, parmesan, kjørvel og halvparten av basilikumen.
2. Smelt smøret i en ildfast panne, stek sjalottløken i, hell i eggene og smuldre fetaen over. Stek i en forvarmet ovn ved 200° i ca 10 minutter til de er gyldenbrune.
3. Ta ut av ovnen, smak til med salt, pepper og server drysset med resterende basilikum.

5. Tomat- og baconomelett med feta

- Forberedelse: 15 minutter
- porsjoner 2 **ingredienser**

- 8 cherrytomater
- 1 rød chilipepper
- 50 g frokostbacon i tynne skiver
- 5 egg
- 100 ml laktosefri melk 1,5 % fett
- salt

- pepper
- 100 g gjeterost
- 2 ts smør
- 1 håndfull basilikum

Forberedelsestrinn

1. Vask og halver tomatene. Vask chilien, del den i to, ta kjernen og skjær den i veldig smale strimler. Skjær baconet i ca 4 cm brede strimler. Pisk eggene med melken, smak til med salt og pepper. Tørk herderosten og skjær den i terninger.
2. Stek halvparten av baconet i en non-stick panne, tilsett deretter 1 ts smør og smelt. Hell halvparten av eggedosisen over og mens den fortsatt er myk, tilsett halvparten av tomatene og chilistrimlene. Dryss over halve mengden ost og basilikum og la egget stivne.
3. Skyv omeletten over på en tallerken og server.
4. Bearbeid de resterende ingrediensene til en andre omelett.

6. Hirseomelett med nektariner

- Tilberedning: 20 min
- koking på 40 min
- porsjoner 2 **ingredienser**

- 40 g hirse
- 2 egg (m)
- 10 g helt rørsukker (2 ts)
- 1 klype salt
- 150 g vaniljeyoghurt (3,5 % fett)
- 2 ss ferskenkjøtt

- 250 g nektarin (2 nektariner)
- 2 ts solsikkeolje

Forberedelsestrinn

1. Kok opp 75 ml vann, dryss i hirsen og rør. Reduser varmen umiddelbart og kok hirsen tildekket på laveste varme i 7 minutter, rør grundig flere ganger. Ta kasserollen av varmen og dekk til kornene i ytterligere 12 minutter. La avkjøles.
2. Ha egg, sukker og en klype salt i en bolle og visp med en visp. Rør inn den avkjølte hirsen.
3. Ha vaniljeyoghurten og ferskenmassen i en bolle og rør til en jevn masse.
4. Vask nektarinene, tørk, del i to og stein. Skjær fruktkjøttet i tynne skiver.
5. Varm oljen i en belagt panne. Hell i hirsedeigen og stek i ca 4 minutter på middels varme. Snu omeletten og stek den andre siden i 4-5 minutter til den er gyldenbrun.
6. Anrett hirseomeletten med ferskenyoghurt og nektarinkiler og server.

7. Omeletter med pasta og blandede grønnsaker

- Tilberedning: 30 min
- matlaging på 1 time
- porsjoner 4 **ingredienser**

- 150 g frossen ert
- 1 rød paprikaschote
- 150 g mais (drenert vekt; hermetikk)
- 350 g fullkorn penne

- salt
- 1 sjalottløk
- 1 fedd hvitløk
- oliven olje
- 20 g parmesan (1 stk)
- 5 g persille (0,25 hauger)
- 100 ml melk (3,5 % fett)
- 50 ml kremfløte

Forberedelsestrinn

1. Tin ertene. Vask paprikaene, del i to, fjern frøene og de hvite innerveggene og skjær i smale, små strimler. Hell maisen i en sil, skyll under kaldt vann og renne godt av.
2. Kok pastaen i kokende saltet vann etter anvisning på pakken, tøm den av, skyll med kaldt vann og hell godt av.
3. Skrell og finhakk sjalottløk og hvitløk. Varm 2 ss olje i en høy, ildfast panne og fres sjalottløk og hvitløk i den på middels varme til den er gjennomsiktig. Tilsett grønnsakene, surr kort og bland inn pastaen. Riv parmesanen fint. Vask persillen, rist tørr og grovhakk. Pisk eggene med melk, fløte og ost, smak til med salt og pepper, bland inn persille og hell over pastablandingen.

La stivne kort og stek i en forvarmet ovn ved 200 °C i 10-15 minutter til slutt. Ta ut, vend ut og server kuttet i biter.

8. Spinat- og osteomelett med laks

- Tilberedning: 20 min
- koking på 45 min
- porsjoner 2 **ingredienser**

- 1 liten løk
- 200 g laksefilet
- 200 g mozzarella
- 200 g spinat
- 5 egg
- 2 ss melk
- 1 ts smør
- salt

- pepper

Forberedelsestrinn

1. Skrell løk og skjær dem i fine biter. Vask laksen, tørk og skjær opp eller terninger. Skjær mozzarellaen i skiver. Vask spinaten og rist den tørr.
2. Pisk egg og melk i en bolle. Varm smøret i en ildfast panne og fres løken på middels varme i 2 minutter. Hell i eggene, smak til med salt og pepper og topp med spinat, laks og mozzarella.
3. Stek alt i en forvarmet ovn på 180 °C i ca 20-25 minutter, til egget er gjennomstekt og blandingen er fast.

9. Fylt omelett

- Tilberedning: 20 min
- koking på 35 min
- porsjoner 4 **ingredienser**

- 40 g rakett (1 håndfull)
- 300 g cherrytomater
- 10 g gressløk (0,5 haug)
- 8 egg
- 4 ss kullsyreholdig mineralvann
- salt
- pepper
- muskat
- 4 ts solsikkeolje

- 150 g kornet kremost

Forberedelsestrinn

1. Vask raketten og sentrifuger. Vask tomater og del i to. Vask gressløken, rist tørr og kutt i rundstykker.
2. Pisk egg med vann og gressløk og smak til med salt, pepper og nyrevet muskatnøtt.
3. Varm 1 ts solsikkeolje i en non-stick panne og tilsett 1/4 av eggemelken. Stek i 2 minutter på middels varme, snu og kok ferdig på ytterligere 2 minutter. Ta ut og hold varmt i den forvarmede ovnen ved 80 ° C. Stek 3 omeletter til på denne måten.
4. Legg omelett på 4 tallerkener og fyll med kremost, tomater og rucola. Smak til med salt og pepper og pisk inn.

10. Omeletter med zucchini

- Tilberedning: 25 min
- porsjoner 4 **ingredienser**

- 10 egg
- 50 ml havredrikk (havremelk)
- 2 ss nykuttet basilikum
- salt
- pepper
- 2 zucchinier
- 250 g cherrytomater
- 2 ss olivenolje

Forberedelsestrinn

1. Pisk eggene med havredrikken og basilikum. Smak til med salt og pepper.
2. Vask, rens og skjær zucchinien i biter. Vask og halver tomatene. Bland grønnsakene løst, smak til med salt, pepper og sauter 1/4 minutt hver i litt varm olje. Hell 1/4 av eggene over hvert egg, bland inn og stek i 4-5 minutter til de er gyldenbrune og la stivne. Stek alle 4 omelettene på denne måten og server.

11. Omelett med laks og agurk

- Tilberedning: 10 min
- koking på 22 min
- porsjoner 4 **ingredienser**

- 120 g røkt lakseskiver
- ½ agurk
- 3 stilker persille
- 10 egg
- 50 ml kremfløte
- salt
- pepper
- 4 ts rapsolje

Forberedelsestrinn

1. Skjær laksen i strimler. Vask, rens og skjær agurken i skiver. Vask persillen, rist tørr og finhakk.
2. Pisk egg med fløte og 2 ss persille. Smak til med salt og pepper.
3. Hell 1 ts olje i en varm, belagt panne. Hell 1/4 av egget og la det stivne sakte i 2-3 minutter på middels varme. Brett sammen og legg på en tallerken med noen agurkskiver.
4. Stek alle fire omelettene på denne måten, dekk med laksen og server drysset med resten av persillen.

12. Soppomelett med tomater

- Tilberedning: 20 min
- porsjoner 4 **ingredienser**

- 1 vårløk
- 100 g sopp
- 1 liten tomat
- 1 ss rapsolje
- salt
- pepper
- 1 egg (størrelse l)
- 1 ss kullsyreholdig mineralvann
- 45 g fullkorntoast (1,5 skive)

Tilberedningstrinn

1. Vask og rens vårløken og skjær den i fine ringer. Rens soppen, rengjør med en pensel og skjær i skiver.
2. Vask tomaten, fjern stilken og skjær i skiver.
3. Varm oljen i en belagt panne. Stek vårløk og sopp i den på middels varme. Salt og pepper og fortsett å steke i 3-4 minutter, snu ofte på middels varme.
4. Ha egget med en klype salt og mineralvann i en liten bolle og visp med en visp.
5. Hell det sammenpiskede egget over grønnsakene i pannen og sett det i 3-4 minutter.
6. I mellomtiden rister du brød og topper med tomatskiver. Skyv omeletten fra pannen over på brødet og server.

13. Skinke- og rucolafrittata

- Tilberedning: 20 min
- koking på 35 min
- porsjoner 4 **ingredienser**

- 90 g rå skinke (6 skiver)
- 80 g rakett (1 haug)
- 20 g parmesan (1 stk)
- 10 egg
- 200 ml melk (1,5 % fett)
- salt
- pepper
- 50 g rømme

5 g smør (1 ts)

Forberedelsestrinn

1. Del skinkeskivene i kvarte. Vask raketten og sentrifuger. Riv parmesanen og sett til side 1 ts.
2. Pisk egg med melk og smak til med salt og pepper. Rør inn rømme og parmesan.
3. Varm opp smøret i en stor ildfast panne. Tilsett 1/3 av eggedosisen og dekk med halvparten av skinken og rucola. Legg ytterligere 1/3 av eggeblandingen på toppen, dekk med resten av skinken og rucola og avslutt med den resterende eggeblandingen.
4. La frittataen stå i en forvarmet ovn på 200 °C i ca 12-15 minutter.
5. Skjær frittataen i biter, del over 4 tallerkener og strø over resten av parmesanen som du legger til side.

14. Zucchini geitost quiche

- Tilberedning: 30 min
- koking på 50 min
- porsjoner 4 **ingredienser**

- 2 zucchinier
- 8 egg
- 150 ml kremfløte minst 30 % fettinnhold
- salt
- pepper fra møllen
  muskat
- 2 ss olivenolje

- 1 fedd hvitløk
- 150 g geitostrull

Forberedelsestrinn

1. Forvarm ovnen til 200 °C over- og undervarme. Vask og rens zucchinien og skjær den i tynne skiver. Pisk eggene med fløten og smak til med salt, pepper og muskatnøtt.
2. Varm oljen i en panne og stek squashskivene, snu av og til. Skrell og press hvitløken. Hell i eggekremen, fordel den jevnt og la den stivne kort.
3. Halver geitosten på langs og skjær i tynne skiver. Fordel dette på frittataen og stek i forvarmet ovn i ca 10 minutter til den er gyldenbrun. Server kuttet i biter.

15. Paprika og potettortilla

- Tilberedning: 30 min
- koking på 45 min
- porsjoner 4 **ingredienser**

- 700 g melete poteter
- salt
- 1 rød paprika
- 2 tomater
- 1 løk
- 1 fedd hvitløk
- 2 ss olivenolje

pepper

- 8 egg
- 4 ss melk (1,5 % fett)
- 2 grener timian
- 20 g parmesan (1 stk)

Forberedelsestrinn

1. Vask potetene og kok i saltet vann i ca 20 minutter.
2. I mellomtiden, vask og rens paprikaen og kutt i strimler. Vask tomatene og kutt i terninger. Skrell løk og hvitløk og finhakk.
3. Tøm potetene, la dem fordampe, skrell dem og skjær dem i passe biter.
4. Varm olivenoljen i en ildfast panne. Stek potetterningene i den på middels varme i ca 5 minutter, rør av og til. Tilsett paprika, løk og hvitløk, smak til med salt og pepper og stek i ytterligere 2 minutter. Rør forsiktig inn tomatbåtene.
5. Pisk egg og melk, smak til med salt, pepper og hell i pannen. Fordel eggemelken jevnt ved å snu og vippe pannen litt og la den stivne i 2 minutter. Bake
  i en forvarmet ovn ved 180 ° C i ca 15 minutter.

6. I mellomtiden vasker du timianen, tørker den og plukker bladene. Skjær parmesanen i skiver.

Dryss begge deler over tortillaen.

16. Omelett Caprese

- Total tid: 5 minutter
- Porsjoner 2

Ingredienser

- 2 ss olivenolje
- Seks egg
- 100g cherrytomater, delt i to eller tomater kuttet i skiver
- 1 ss fersk basilikum eller tørket basilikum
- 150 g (325 ml) fersk mozzarellaost
- salt og pepper

Forberedelser

1. For å blande, knekk eggene i en bolle og tilsett salt etter smak og sort pepper. Med en gaffel, pisk godt til alt er helt blandet.
2. Tilsett basilikum og rør. Skjær tomatene i to eller skiver. Hakk osten eller skjær den i skiver. Varm opp oljen i en stor panne.
3. Stek tomatene i et par minutter. Hell over tomatene med eggedosisen. Vent og tilsett osten til den blir litt fast. Senk varmen og la det stivne omeletten. Server umiddelbart, og nyt!

17. Omelett av Keto-ost

- Total tid: 15 minutter,
- Porsjoner 2

Ingredienser

- 75 g smør
- Seks egg
- 200 g revet cheddarost
- Salt og svart pepper malt etter smak

Forberedelser

1. Pisk eggene til de er myke og lett skummende. Tilsett halvparten av revet cheddarost og bland. Salt og pepper etter smak.
2. Smelt smøret i en varm panne. Hell eggedosisen og la stå i noen minutter. Senk varmen og fortsett å koke til eggedosisen er nesten ferdig.
3. Tilsett resten av revet ost. Brett og server umiddelbart. Smak til kreasjonen din med urter, hakkede grønnsaker eller til og med meksikansk saus.
4. Og ikke nøl med å koke tortillaen med olivenolje eller kokosolje for å få en annen smaksprofil.

18. Frokostomelett

- Total tid: 10,
- Porsjoner: 2 **ingredienser:**

- 2 egg
- 3 eggehviter
- 1 spiseskje vann
- 1/2 ts olivenolje
- 1/4 ts salt
- ¼ teskje malt pepper **Tilberedning:**

1. Pisk egg, eggehviter, salt, pepper og vann i en bolle til det er skummende.

2. Varm halvparten av oljen i en panne på middels varme. Hell halvparten av eggedosisen.
3. Stek i et par minutter, mens du løfter kantene med en slikkepott av og til. Brett til en halv.
4. Skru varmen til lav og fortsett å koke i et minutt. Gjenta prosessen for resten av eggedosisen.

19. Osteomelett med urter

- total tid 20 minutter,
- porsjoner 4 **ingredienser**

- 3 stilker kjørvel
- 3 stilker basilikum
- 20 g parmesan
- 1 sjalottløk
- 8 egg
- 2 ss creme fraiche ost
- 1 ss smør
- 150 g saueost
- salt

- pepper

Forberedelsestrinn

1. Vask kjørvel og basilikum, rist tørr og grovhakk. Riv parmesanen. Skrell og finhakk sjalottløk.
2. Pisk eggene med crème fraiche, parmesan, kjørvel og halvparten av basilikumen. Smelt smøret i en ildfast panne, stek sjalottløken i, hell i eggene og smuldre fetaen over.
3. Stek i en forvarmet ovn ved 200 ° C i ca 10 minutter til de er gyldenbrune. Ta ut av ovnen, smak til med salt, pepper og server drysset med resterende basilikum.

20. Osteomelett

- Total tid 30 minutter,
- servering 4 **ingredienser**

- 10 egg
- 50 ml kremfløte
- 100 g revet emmentaler
- salt
- hvit pepper
- 250 g gorgonzola
- 4 ss vegetabilsk olje **Forberedelsestrinn**

1. Pisk eggene med fløten og emmentaleren. Smak til med litt salt og pepper.

2. Del Gorgonzola i terninger og sett til side. Varm 1 ss olje i en panne og tilsett ca 1/4 av eggedosisen.
3. La den stivne ved lav temperatur i 2 minutter, legg deretter 1/4 av Gorgonzolaen i midten og brett omeletten til høyre og venstre.
4. Stek i ytterligere 2 minutter, til den Gorgonzola er flytende og omeletten er gyllenbrun. Stek alle 4 omelettene som denne og server.

21. Frittata med skinke og feta

- Tilberedning: 20 min

- koking på 34 min
- porsjoner 4 **ingredienser**

- 8 egg
- 600 g
- kokte poteter
- 1 stang purre
- 100 g kokt skinke
- 1 rød paprika
- 75 g revet pecorino
- salt

pepper fra møllen

2 ss olivenolje

Forberedelsestrinn

1. Forvarm ovnen til 180 ° C varmluftsovn.
2. Pisk eggene. Skrell potetene og skjær i små terninger. Vask og rens purren og skjær den i fine ringer. Skjær skinken i fine strimler. Vask, halver, kjerne løs og del paprikaen i terninger. Bland eggene med pecorino, poteter, purre, paprika og skinke. Smak til med salt og pepper. Varm oljen i en ildfast panne, tilsett eggedosisen, stek i 1-2 minutter og stek i ovnen i ca 12 minutter til den er gyldenbrun.

22. Tortilla med spinat

- Tilberedning: 25 min
- koking på 40 min
- porsjoner 4 **ingredienser**

- 350 g spinatblader
- salt
- 1 rød paprika
- 1 vegetabilsk løk
- 2 fedd hvitløk
- 50 g mandelkjerner
- 5 egg
- 100 ml mineralvann pepper muskatnøtt
- 15 g ghee (klaret smør; 1 ss)

Forberedelsestrinn

1. Vask spinat, sentrifuger, blancher i kokende saltet vann i 1 minutt. Hell av, slukk med kulde, trykk godt ut.
2. Vask, rens og skjær paprikaen i terninger.
3. Skrell løk og hvitløk og finhakk. Grovhakk mandlene.
4. Pisk egg med mineralvann, smak til med salt, pepper og nyrevet muskatnøtt.

5. Smelt ghee i en høy, ildfast form. Fres løk og hvitløk i den på middels varme i 1-2 minutter til den er gjennomsiktig. Tilsett paprika og spinat og hell eggedosisen over dem. Tilsett mandlene og la dem stivne i 2 minutter.
6. Stek tortillaen i en forvarmet ovn ved 200 ° C i 10-15 minutter til den er gyldenbrun.
7. Ta ut og server kuttet i biter.

23. Omelett med løk og oliven

- ☐
- ☐

- Tilberedning: 20 min
- porsjoner 4 **ingredienser**

- 5 store egg
- 5 ss melk
- salt
- nykvernet pepper
- 2 ss revet parmesan
- 2 ss hakket basilikum
- 4 ss finkuttede oliven

1 rødløk
2 ss olivenolje

Forberedelsestrinn

1. Bland egg med melk, salt, pepper, parmesan og basilikum. Skrell løken og skjær i fine strimler.
2. Varm olivenoljen forsiktig i en stor panne. Stek løk og oliven forsiktig i den. Salt og pepper. Hell i eggene og fordel dem jevnt i pannen. La det stivne på mild varme. Snu omeletten og la den andre siden stivne også. Server sammenrullet og lunken.

24. Spansk potettortilla

- Tilberedning: 45 min
- porsjoner 6 **ingredienser**

- 800 g hovedsakelig voksaktige poteter
- 2 vårløk
- 1 fedd hvitløk
- 3 ss erter (frosne)
- 8 egg
- salt
- kajennepepper
- vegetabilsk olje til steking

Forberedelsestrinn

1. Skrell potetene og skjær dem i 3 mm tykke skiver. Rens og vask vårløken og kutt i skrå ringer med den delikate grønne. Skrell hvitløken og skjær i fine strimler.
2. I en ildfast panne med høy kant, varm oljen til en høyde på 2-3 cm. Det er varmt nok når det stiger bobler fra et treskjehåndtak som du holder i den.
3. Gni potetene med et kjøkkenhåndkle og ha i den varme oljen. Stek på middels varme i 7-8 minutter, snu av og til.
4. I mellomtiden visp eggene lett i en stor bolle, men ikke pisk dem til de er skummende, og smak til med en sterk klype salt og kajennepepper hver.
5. Tilsett vårløken og eventuelt hvitløken i potetene og stek i 2 minutter. Tøm potetene gjennom en sil, samle opp oljen (den kan gjenbrukes), renn godt av og smak til med salt.
6. Varm 2 ss av den oppsamlede oljen i pannen. Bland poteter og erter med de sammenpiskede eggene, hell blandingen i det varme

olje, og stek den over høy varme i 2 minutter. Fjern fra varmen, dekk med aluminiumsfolie og stek i forvarmet ovn ved 200 ° C i ca. 25-30 minutter, til hele egget er tykt.
7. Serveres varm.

25. Omelett fylt med fetaost

- Tilberedning: 40 min
- porsjoner 2 **ingredienser**

- 1 sjalottløk
- 4 egg
- salt
- pepper fra kvernen
- 4 ss creme fraiche ost
- 2 ts sennep
- 2 ts sitronsaft
- 2 ss finhakket basilikum
- 2 ss smør

- 100 g
- feta
- basilikum

Forberedelsestrinn

1. Skrell og finhakk sjalottløk. Skille egg. Pisk eggehvitene med en klype salt til de er stive. Pisk eggeplommene med 2 ss creme fraiche, sennep, sitronsaft og finhakket basilikum. Smak til med salt og pepper, vend inn eggehvitene løst.

2. Smelt halvparten av smøret i en non-stick panne. Tilsett halvparten av sjalottløken og fres. Tilsett halvparten av omelettblandingen og stek i 6-8 minutter til undersiden er gyllenbrun og overflaten tykner mens du dekker pannen. Trekk deretter kjelen av komfyren.

3. Smør 1 ss creme fraiche på omeletten og dekk med halvparten av den smuldrede fetaen, smak til med salt og pepper og brett omeletten ved hjelp av en slikkepott.

4. Stek den andre omeletten på samme måte (muligens i en andre panne).

5. Legg omelett på tallerkener og server pyntet med basilikum.

26. Couscoussalat med jordbær

- Tilberedning: 35 min
- porsjoner 4 **ingredienser**

- 250 g fullkorn couscous (instant)
- 40 g rosiner
- salt
- 150 g silketofu
- 1 ss soyadrikk (soyamelk)
- 1 ts gjærflak
- 1 ss kikertmel
- 1 ts tahini
- 1 klype gurkemeie
- 4 ss olivenolje

- 150 g jordbær
- 40 g rakett (1 håndfull)
- 1 stilk mynte
- 2 ss limejuice
- 1 ts honning
- pepper
- 1 ss flakede mandler

Forberedelsestrinn

1. Bland couscousen med rosinene og kok i saltet vann etter anvisning på pakken.
2. I mellomtiden, for omelettstrimlene, bland silketofuen i en bolle med soyadrikken, gjærflak, kikertmel, tahinipasta, gurkemeie og en klype salt. Varm 1 ss olje i en panne, tilsett blandingen og stek på middels varme i ca 1–2 minutter til den er gyldenbrun. Snu og stek i ytterligere 1–2 minutter til de er gyldenbrune. Ta ut av pannen, la avkjøle litt og skjær i fine strimler.
3. Vask, rens og skjær jordbærene i skiver. Vask og rengjør rakett, sentrifuger og plukk i passe store biter. Vask mynten, rist tørr og plukk av bladene.

4. Til dressingen blander du limejuice med honning og gjenværende olje og smaker til med salt og pepper. Luft couscousen med en gaffel og bland med dressingen.
5. Fordel couscousen på et fat, topp med jordbær og rucola, og omelett og mynte. Dryss over mandler.

27. Tangomelett

- Forberedelse: 15 minutter
- koking på 20 min
- porsjoner 4 **ingredienser**

- 12 egg
- 50 ml melk (3,5 % fett)
- salt
- pepper fra møllen
- 1 ss smør
- 2 ark nori tang **Forberedelsestrinn**

1. Pisk egg med melk og smak til med salt og pepper. Stek totalt 4 veldig tynne omeletter etter hverandre. For å gjøre dette, varm litt smør i en belagt panne. Tilsett en fjerdedel av egge-melkblandingen og stek i 2-3 minutter på middels varme. Bruk også opp resten av egge-melkblandingen.
2. Smør matfilm på arbeidsflaten og legg omelettene på toppen, litt overlappende, i et rektangel. Kutt tangbladene i størrelse med en saks og dekk omelettene med dem. Dekk til med matfilm, trykk lett og la stå i 5 minutter.
3. Ta av lokket og pakk algeomeletten godt inn i en rull ved hjelp av folien. Skjær det gjenværende algeklippet i tynne strimler. Skjær algeomelettrullen i skiver, fordel på tallerkener og pynt med algestrimler.

28. Omelett med spinat og asparges

- Tilberedning: 45 min
- porsjoner 4 **ingredienser**

- 250 g grønne asparges
- ½ økologisk sitron
- 2 ss olivenolje
- 100 ml grønnsaksbuljong
- salt
- pepper
- 125 g friske spinatblader
- 8 egg
- 150 ml melk (1,5 % fett)

- 20 g parmesan (1 stk; 30 % fett i tørrstoff)
- 200 g grovt brød (4 skiver)

Forberedelsestrinn

1. Skrell aspargesen i den nedre tredjedelen og skjær av treendene. Skyll sitronen halvparten med varmt vann, gni tørr, gni skallet og press saften.
2. Varm olje i en panne. Stek aspargesen på middels varme i 2-3 minutter. Deglaser med sitronsaft og buljong, smak til med salt og pepper og kok over svak varme i 5 minutter til den er al dente. Ta deretter lokket av kjelen og la væsken fordampe.
3. I mellomtiden, rens og vask spinaten og rist den tørr. Pisk eggene med melken.
   Smak til med salt, pepper og sitronskall.
4. Pensle en belagt panne med 1/2 ts olje. Tilsett 1/4 av eggedosisen og rør rundt for å fordele den jevnt. Topp med 1/4 av aspargesen og spinaten. Kok omeletten på middels varme i 5-6 minutter og la den brunes lett. Hold varm i forvarmet ovn på 80 °C.
5. Stek 3 omeletter til av resten av eggedosisen på samme måte og hold dem

varme. Riv parmesanen fint. Brett omelettene sammen, dryss over ost og server sammen med brødet.

29. Baconomelett

- Tilberedning: 30 min
- koking på 45 min
- porsjoner 4 **ingredienser**

- 150 g frokostbacon
- 8 egg
- 8 ss melk
- smør til steking
- 1 ss nyhakket persille 1 ss gressløk ruller pepper fra møllen

☐
☐

Forberedelsestrinn

1. Skjær baconet i brede strimler, la det stå i en varm panne, stek til det er sprøtt, ta ut og la det renne av på tørkepapir.
2. Åpne 2 egg hver i en bolle og bland godt med 2 ss melk med en visp. Pensle en varm panne med litt smør og hell i eggedosisen. Rør over svak varme med en slikkepott til egget begynner å tykne. Hvis den er fuktig og blank på overflaten, dekk til med litt bacon, dryss over persille og gressløk, pepper, brett sammen og server.

30. Zucchini og pepper tortilla

- Tilberedning: 30 min
- koking på 50 min
- porsjoner 4 **ingredienser**

- 1 zucchini
- salt
- 2 røde paprika
- 2 vårløk
- 1 håndfull basilikum
1 fedd hvitløk

2 ss olivenolje

pepper fra møllen
- 6 egg
- 4 ss pisket krem
- 50 g nyrevet ost

Forberedelsestrinn

1. Forvarm ovnen til 200 °C overvarme
2. Vask og rens zucchinien, kutt på langs og på tvers i staver. Salt og la vannet trekke i ca 10 minutter. Tørk deretter. Vask paprikaene, del i to, rens og del i terninger. Vask og rens vårløken og skjær den diagonalt i ringer. Vask basilikum, rist tørr og grovhakk bladene. Skrell hvitløken og skjær i fine strimler. Surr med paprika og vårløk i varm olje i en stor panne i 1-2 minutter. Tilsett zucchinistinnene og fres i 1-2 minutter. Smak til med salt og pepper. Dryss over basilikum. Pisk egg med fløte og hell over grønnsakene. La det steke kort og strø osten over. Stek i ovnen i 10-15 minutter til de er gyldenbrune og la stivne.

☐
☐

31. Italiensk omelett med erter

- Tilberedning: 30 min
- koking på 55 min
- porsjoner 4 **ingredienser**

- 1 sjalottløk
- 1 hvitløk
- 40 g rakett (0,5 haug)
- 500 g frossen ert
- 7 egg
- 150 ml pisket krem salt pepper
  1 ss olivenolje

Forberedelsestrinn

1. Skrell og finhakk sjalottløk og hvitløk. Vask raketten, sorter den og rist den tørr. La ertene tine.
2. Pisk eggene i en bolle og visp dem grovt sammen med fløten, smak til med salt og pepper. Varm oljen i en ildfast panne og stek sjalottløk og hvitløk på middels varme til den er gjennomsiktig. Bland inn ertene og fres kort. Tilsett eggene og la dem stivne kort. Sett formen i den forvarmede ovnen ved 200 ° og stek i 15-20 minutter til den er gylden. Ta ut og server, kutt i biter og pynt med rucola.

☐
☐

32. Potetomelett i spansk stil

- Forberedelse: 40 min
- porsjoner 4 **ingredienser**

- 600 g poteter 1 rød paprika
- 1 gul paprika
- 1 grønn paprika
- 1 finhakket chilipepper
- 200 g spinat
- 8 egg
  1 løk
  2 hvitløksfedd
  oliven olje
- salt

- pepper fra møllen

Forberedelsestrinn

1. Skrell og del potetene. Stek sakte i en stor panne med rikelig olivenolje i ca. 15 minutter, snu av og til. Du bør ikke ta maling.
2. I mellomtiden, vask, halver, rens og del paprikaen i terninger.
3. Skrell løk og hvitløk og finhakk.
4. Vask, rens og blancher kort spinaten i kokende saltet vann. Slukk, klem og hakk.
5. Ta potetene ut av pannen og fjern overflødig olje. Bare svett løk, hvitløk, chili, spinat og paprika i litt olje, fjern. Pisk eggene, bland med de stekte grønnsakene, smak til med salt, pepper og tilsett i pannen. La det stivne sakte i ca 5-6 minutter. Snu så tortillaen ved hjelp av en tallerken og stek den andre siden til den er gyldenbrun. Serveres kald eller varm, kuttet i biter.

☐
☐

33. Osteomelett

- Forberedelse: 15 minutter
- koking på 22 min
- servering 1 **ingredienser**

- 3 egg
- 2 ss kremfløte
- salt pepper fra møllen
- 1 vårløk
- 1 rød spiss paprika
- 1 ss smør
- 2 ss revet ost zb cheddar **Tilberedningstrinn**

1. Forvarm ovnen til 220 °C overvarme. Bland eggene med fløten og smak til med salt og

pepper. Vask og rens vårløken og skjær den i fine ringer. Vask paprikaene, del i to, rens og del i terninger.
2. Ha smøret i en varm panne og hell i egget. Dryss over vårløk og paprika og la trekke i 1-2 minutter og stek til de er gyldenbrune. Rull sammen og dryss med ost. Stekes i ovnen i ca 5 minutter til de er gyldenbrune.

34. Tomatomelett med saueost

- Tilberedning: 20 min
- porsjoner 4 **ingredienser**
- 8 egg

- 100 ml kremfløte
- 3 tomater
- 1 ss smør
- 200 g feta i terninger
- salt
- pepper fra møllen
- nyrevet muskatnøtt
- 2 ss hakket basilikum til garnityret

Forberedelsestrinn

1. Pisk eggene med fløten og smak til med salt, pepper og muskatnøtt. de
2. Vask og kvart tomatene, fjern frøene og kutt i små terninger. Svett lett i det varme smøret, tilsett feta terningene og hell på eggene. Rør til omeletten begynner å stagnere. Dekk deretter til og la stå over svak varme i ca 2 minutter. Del omeletten i kvart og legg på tallerkener. Server drysset med basilikum.

35. Omelett med feta og grønnsaker

- Tilberedning: 30 min
- koking på 55 min
- porsjoner 4 **ingredienser**

- 200 g maisboks
- 1 auberge
- 2 zucchinier
- 300 g cherrytomater
- 1 fedd hvitløk
- 4 ss olivenolje
- salt
- pepper fra møllen
- 1 ts tørket oregano
- 7 egg

- 100 ml melk
- 200 g fetaost
- basilikum til pynt

Forberedelsestrinn
1. Vask og rens grønnsakene. Tøm maisen over en sil. Vask og rens auberge og zucchini og kutt i staver. Vask og halver tomatene også. Skrell hvitløken og skjær den i fine skiver. Varm 2 ss i en panne, stek hvitløk, auberges, courgette og mais, stek videre i ca 4 minutter under omrøring. Tilsett deretter tomatene. Krydre grønnsaksblandingen med salt, pepper, oregano og eddik og ta den av ovnen.
2. Pisk eggene med melk, salt og pepper. Varm opp resten av oljen i en panne. Hell i 1/4 av eggedosisen og la den flyte jevnt ved å snu og vippe pannen litt. Stek til de er gyldne på begge sider. Legg én omelett på hver tallerken, dekk halvparten med grønnsaksblandingen, brett inn og dryss over fetaflak. Server pyntet med basilikum.

36. Frittata med zucchini

- Tilberedning: 10 min
- koking på 28 min
- porsjoner 4 **ingredienser**

- 2 zucchinier
- 1 fedd hvitløk
- 1 ss nyhakket timian
- 2 ss olivenolje
- salt
- pepper fra møllen
- 5 egg
- 50 ml kremfløte
- 50 g revet parmesan **Tilberedningstrinn**

1. Vask, rens og skjær zucchinien i skiver. Skrell hvitløken og skjær den i fine skiver. Bland zucchini med timianblader og hvitløk og stek i varm olje i panne i 2-3 minutter, smak til med salt og pepper. Hell av den resulterende væsken.
2. Pisk eggene med fløten, smak til med salt og pepper, hell over zucchinien og legg på lokk og la stå i 8-10 minutter på svak varme. Snu så frittataen ved hjelp av en stor tallerken, dryss over parmesan og dekk til og stek i 3-5 minutter.
3. Skjær i små firkanter til servering.

37. Omeletter med purre og bacon

- Tilberedning: 50 min
- porsjoner 4 **ingredienser**

- 150 g mel
- 2 egg
- 250 ml melk
- 2 ts olje
- olje til steking
- For fyllet
- 75 g gouda finrevet
- 500 g purre den hvite og lysegrønne, vasket og renset
- 75 g frokostbacon i fine terninger
- salt
- pepper fra møllen
- 4 ss creme fraiche ost

Forberedelsestrinn

1. Bland melet med egg, melk, olje og salt til deigen og la trekke i ca. 30 minutter. Rør så inn 25 g Gouda-ost.
2. Skjær purren i tynne ringer. Stek baconet i en panne, tilsett purren og stek tildekket i

ca. 8-12 minutter. Smak til med salt, pepper og creme fraiche,

3. Stek 4 omeletter fra røren i olje, fyll med purreblandingen, strø over resten av osten og brett opp.
4. Stek i ovnen ved 220°C i ca. 5 minutter, server varm.

38. Mangoomelett

- Tilberedning: 45 min
- porsjoner 4 **ingredienser**
- 2 modne mangoer

- 1 økologisk sitron
- 2 ss sukker
- 8 egg
- salt
- 4 ss mel
- smør

Forberedelsestrinn

1. Skrell mangoene, skjær fruktkjøttet fra steinen på begge sider og skjær i fine skiver. Gni inn skallet av sitronen og press ut saften.
2. Skill eggene og pisk eggehvitene til de blir stive. Bland eggeplommene med sukker, sitronskall, en god klype salt og mel til det er kremaktig. Vend inn eggehvitene med visp.
3. Varm imens litt smør i en liten stekepanne. Hell røren i pannen med en liten øse (f.eks. sausskje) og dekk til mangoskivene. Legg på lokk og stek i ca 2-3 minutter på svak varme til de er gylne, snu en gang og stek i ca 1 minutt, løft deretter ut og hold varmen. Stek 8 små omeletter etter hverandre

39. Paprika og potettortilla

- Tilberedning: 35 min ☐ koksing på 1 t 35 min
- porsjoner 4 **ingredienser**

- 700 g overveiende voksaktige poteter
- salt
- 3 røde paprika
- 1 vegetabilsk løk
- 2 fedd hvitløk
- 6 egg
- 200 ml kremfløte minst 30 % fettinnhold
- 300 ml melk
- 100 g nyrevet parmesan
- pepper fra møllen

- muskat
- 2 ss vegetabilsk olje
- fett for formen

Forberedelsestrinn

1. Vask poteter og kok i saltet kokende vann i 20-25 minutter. Tøm, skyll med kaldt vann, skrell og la avkjøles. Forvarm ovnen til 180 °C over- og undervarme.
2. Vask paprikaene, del i to, fjern kjernen, del den horisontalt og del den i brede strimler. Deretter skrell og finhakk løk og hvitløk.
3. Pisk egg med fløte, melk og ost og smak til med salt, pepper og muskatnøtt. Skjær potetene i 0,5 cm tykke skiver og stek dem i en varm panne med olje til de er gyldenbrune. Tilsett løk og hvitløksterninger, fres kort og legg i en smurt ildfast form med pepperstrimlene.
4. Hell eggekremen over til alt er godt dekket og stek i forvarmet ovn i 30-35 minutter til den er gyldenbrun. Ta ut, ta ut av formen, skjær i 4x4 cm terninger og server med en trepinne.

40. Omeletter med zucchini

- Tilberedning: 25 min
- porsjoner 4 **ingredienser**

- 10 egg
- 50 ml havredrikk (havremelk)
- 2 ss nykuttet basilikum
- salt
- pepper
- 2 zucchinier
- 250 g cherrytomater
- 2 ss olivenolje

Forberedelsestrinn

1. Pisk eggene med havredrikken og basilikum. Smak til med salt og pepper.
2. Vask, rens og skjær zucchinien i biter. Vask og halver tomatene. Bland grønnsakene løst, smak til med salt, pepper og sauter 1/4 minutt hver i litt varm olje. Hell 1/4 av eggene over hvert egg, bland inn og stek i 4-5 minutter til de er gyldenbrune og la stivne. Stek alle 4 omelettene på denne måten og server.

41. Omeletter med grønnsaker, krutonger og tofu

- forberedelse 30 minutter
- porsjoner 2

Ingredienser:

- 250 g silkeaktig tofu
- 6 tomater
- 4 skiver hvetebrød
- 2 røde søte paprika
- 2 ss klaret smør
- 1 ss finrevet parmesanost

- en haug med grønn gressløk
- salt
- malt svart pepper
- **Tilberedning** av grønn persille :

1. Vask alle grønnsaker og grønnsaker og tøm dem fra vannet. Skjær tomatene i små biter. Fjern frøene fra paprikaen og skjær den i små terninger. Finhakk gressløk og grønn persille. Knekk eggene i en kopp, bland dem med en klype salt, pepper og revet parmesanost, og hell dem i en varm stekepanne uten fett. Stek alt på begge sider til eggene er helt stivnet. Ta deretter ut av pannen og legg på en tallerken.
2. Del tofuen i terninger og brun den lett i 1 ss klaret smør i en panne. Etter bruning, ta ut av pannen og legg på omeletten på en tallerken. Tilsett deretter hakkede grønnsaker og dryss alt med hakket gressløk og grønn persille. Brun deretter hvetebrødskivene i det gjenværende klarnede smøret i pannen, fjern dem og legg dem i retten.

42. Mellommåltid med skinke og omelett

- forberedelse opptil 30 minutter
- porsjoner 2

Ingredienser:

- 200 g skinke i skiver
- 4 egg
- 2 ss melk
- 1 ss hvetemel
- salt
- malt svart pepper
- hode av shaggy salat **forberedelse:**

1. Del salaten i blader, vask dem godt, tøm dem fra vannet og legg dem på et brett. Knekk eggene i en kopp, tilsett mel, en klype salt og pepper, tilsett melken og pisk det hele med en gaffel.
2. Hell den så over i en varm stekepanne uten fett og stek på begge sider til eggene er helt faste, ta den så av varmen. Legg den stekte omeletten i skinkeskiver, pakk den inn i rundstykker, legg den på salatbladene og fest den med små tannpirkere.

43. Grønnsaksomelett

- forberedelse: 30-60 minutter
- porsjoner 2 **ingredienser**:

- 6 egg
- 1 rød søt paprika
- 1 grønn søt paprika
- 1 rødløk
- 1 brokkoli
- 1 ss hvetemel
- 0,5 kopper melk 2%
- salt

av malt svart pepper :

1. Vask alle grønnsakene og tøm dem fra vannet. Fjern frøene fra den røde og grønne paprikaen og kutt i små biter. Skrell rødløken og skjær den i tynne skiver.
2. Del brokkolien i buketter, ha dem i en kjele, hell lettsaltet vann slik at de ikke stikker ut og kok dem til de er myke. Etter å ha kokt brokkolien, tøm den av.
3. Pisk deretter eggene i en kopp, hell melken i dem, tilsett melet, en klype salt og pepper og pisk dem grundig med en visp, hell dem deretter i en varmebestandig form.
4. Tilsett alle de tidligere hakkede grønnsakene og kokt brokkoli. Sett alt i en ovn forvarmet til 175 ° C og stek til grønnsakene er møre.
5. Etter steking, ta ut av ovnen og avkjøl litt.

44. Omeletter med frukt

- forberedelse: opptil 30 minutter
- porsjoner 2 **ingredienser:**

- 6 egg
- 1 ts hvetemel
- 0,5 kopper melk 2%
- salt
- en haug med gressløk

FRUKT:

6 bananer
- 1 kopp blåbær **forberedelse:**

☐

1. Vask bananer og bær og tøm fra vannet. Fjern endene av bananene, skrell dem, skjær kjøttet i tynne skiver og legg på en tallerken.

Lag en omelett:

2. del eggene i en kopp, hell melken i dem, tilsett melet, en klype salt og finhakket gressløk. Bland alt godt med en gaffel, hell det så over i en varm stekepanne uten fett og stek på middels varme til eggene er helt stivnet. Ta så av varmen og tilsett bananene på tallerkenen. Dryss alt med blåbær.

45. Aubergineomelett

- forberedelse opptil 30 minutter
- porsjoner 2 **ingredienser:**

- 4 egg
- 4 ss olje
- 2 auberginer
- 2 tomater
- 2 fedd hvitløk
- 2 lime
- 1 løk
- salt

av malt svart pepper :

1. Vask grønnsakene og hell av vannet. Aubergine skåret i skiver 1 cm tykke. Skjær tomatene i små biter. Skrell løken med hvitløk fra skinnet og finhakk. Knekk eggene i en bolle og pisk dem med en gaffel med en klype salt og kvernet sort pepper. Ha auberginen i skiver i en varm stekepanne med 1 ss olje og stek dem på middels varme til de er gyldenbrune. Ta dem så fra ilden og ta dem av huden. Tilsett hakkede tomater, løk og hvitløk i de sammenpiskede eggene og bland godt. Varm deretter opp den gjenværende oljen i en panne og tilsett de friterte auberginen med skinn. Hell alt over de

☐

blandede eggene og grønnsakene. Stek alt på begge sider til det er gyldenbrunt, og etter steking, fjern fra varmen og legg på en tallerken.

46. Omelett med østers

- forberedelse 30-60 minutter
- porsjoner 4

Ingredienser:

- 300 g frosne østers
- 200 ml varm chilisaus

- 3 ss olje
- 2 fedd hvitløk
- 2 bananblader
- 5 egg
- 0,5 kopper melk 2%
- grønn persille

salt

- av malt svart pepper :

1. Vask den grønne persillen og bananbladene og tøm av vannet. Legg bananbladene på en tallerken. Tin østersen, skjær av skjellene og fjern de uspiselige delene. Skrell deretter hvitløken fra skallet, finhakk den og stek den i varm olje i en panne.
2. Tilsett østers kuttet i biter til den glaserte hvitløken. Stek dem på middels varme til de er lett gylne. Pisk så eggene i en kopp, pisk dem med en gaffel med melk, en klype salt, malt svart pepper og hell dem i de stekte østersene. Bland alt godt og stek til eggene er helt stivnet. Ta deretter alt av bålet og legg det i et bananblad på en tallerken. Dryss den ferdige retten med grønn persille og server sammen med chilisausen.

47. Ris med omelett, bacon og sikori

- forberedelse 30-60 minutter
- porsjoner 4

Ingredienser:

- 25 g røkte baconskiver
- 3 egg
- 3 ss olje
- 1 kopp klebrig ris
- 1 liten por
- 1 rød sikori
- 1 spiseskje melk

- 1 ss hvetemel
- salt
- pepper

forberedelse:

1. Vask grønnsakene og hell av vannet. Skjær deretter purren i små biter.
2. Skjær sikorien i tynne skiver. La de fire baconskivene være hele og skjær resten i terninger. Skyll risen under rennende vann, hell den i en kjele, hell to glass lettsaltet vann, kok den løs og fordamp.
3. Knekk eggene i en bolle, hell melk i dem, tilsett mel, en klype salt og pepper og pisk med en gaffel. Hell de sammenpiskede ingrediensene i 1 ss varm olje i en stekepanne og stek til stivnet.
4. Ta dem så av varmen, kutt dem i små biter og bland med den kokte risen.
5. Varm så opp den resterende oljen i en panne, tilsett hakket bacon og purre, smak til med krydder og stek til kjøttet er gyllent.
6. Tilsett deretter den blandede risen og omeletten, bland den igjen og stek den tildekket i et minutt til.

7. Etter denne tiden, fjern alt fra varmen og legg det på en tallerken, tilsett de resterende baconskivene. Dryss alt med hakket sikori.

48. Omelett med bønner og skinke

Ingredienser:

- 30 g grønne bønner
- 25 g oppskåret serranoskinke
- 3 ss olivenolje
- 2 fedd hvitløk
- 2 ss majones
- 1 ts kvernet søt rød pepper
- 1 røkt chilipepper
- en haug med gressløk, salt
- pepper
- salt

For omeletten:

- 4 egg
- 2 ss melk
- 1 ss hvetemel **forberedelse:**

1. Vask grønnsakene og hell av vannet. Finhakk gressløken. Fjern frøene fra den røkte paprikaen og skjær i små biter. Fjern endene av bønnene, legg dem i en kjele, hell 1 liter lettsaltet vann, kok til de er myke og renne av. Skrell hvitløken fra skallet, skjær i små terninger og stek på 2 ss varm olivenolje i en panne. Tilsett hakket, finrøkt chilipepper, skinkeskiver og tidligere kokte grønne bønner til den glaserte hvitløken. Stek, dekket, i 1,5 minutter på middels varme.
2. Tilbered deretter omeletten: legg eggene i en kjele, hell melken i dem, tilsett melet, en klype salt, pepper og pisk det hele grundig med en gaffel. Hell de sammenpiskede ingrediensene over de stekte ingrediensene i pannen. Stek alt til eggene er kuttet. Klar til å fjernes fra brannen og legges i fatet.
3. Dryss alt med hakket gressløk.

49. omelettrullade

Ingredienser:

- 6 egg
- 5 ss fløte 12%
- 2 ss mel
- 15 gram smør
- urte cottage cheese
- grønne erter
- hermetisert mais
- 20 gram revet ost
- grønn dill eller persille
- salt
- pepper

forberedelse:

1. Pisk eggene med revet ost, fløte og mel. Tilsett salt. Smelt smøret i en panne og hell i den piskede massen. Stek over høy varme på begge sider, løft bunnen med en slikkepott for å unngå at den brenner seg. Legg den ferdige omeletten på en tallerken, pensle den med cottage cheese, dryss med erter, mais, pepper, hakket dill eller persille. Rull den sammen og skjær den deretter i tykke skiver. Serveres varm.

50. Svinekjøttomelett

- forberedelse opptil 30 minutter
- porsjoner 2

Ingredienser:

- 300 g hakket svinekjøtt
- 4 egg
- 2 ss olje
- 2 ts mørk soyasaus
- 2 tomater
- 1 løk
- 1 grønn agurk

- salt
- av malt svart pepper :

2. Vask tomater og agurker og tøm for vann. Skrell agurken, skjær den deretter sammen med tomaten i tynne skiver og legg på en tallerken. Skrell løken, hakk den fint og fres i varm olje i en panne. Etter glasering, tilsett kjøttdeig, hell i soyasausen, rør og stek til kjøttet blir mørkere. Pisk deretter eggene i en kopp, pisk dem med en gaffel med en klype salt og pepper og hell dem over det stekte kjøttet med løk. Stek alt til det er gyldenbrunt på middels varme på begge sider. Etter steking, fjern fra varmen og legg på en tallerken med hakkede grønnsaker.

51. Ris- og kjøttomelett

- forberedelse opptil 30 minutter
- porsjoner 2

Ingredienser:

- 350 g kjøttdeig og svinekjøtt
- 200 g brun ris
- 150 g mais i saltlake
- 4 egg
- 3 ss olje
- 2 ss krydret ketchup
- 1 løk
- 0,5 kopper melk 2%
- salt

- **tilberedning** av svart pepper (kvernet)

:

1. Plukk maisen av saltlaken. Skyll risen under rennende vann, hell den i en kjele, hell 4 kopper lettsaltet vann og kok til den er løs.
2. Etter koking, fordamp. Skrell løken, hakk den fint og fres i varm olje i en panne. Tilsett kjøttdeig i den glaserte løken, smak til med en klype salt, kvernet pepper, bland godt og stek til den blir mørkere. Tilsett deretter den tidligere kokte risen og maisen tappet fra saltlaken. Bland alt grundig og stek i ytterligere 3 minutter på middels varme, fjern deretter fra varmen og legg på en tallerken.
3. Knekk deretter eggene i en kopp, hell melken i dem, tilsett en klype salt og pisk godt med en gaffel. Etter visp heller du dem i en varm stekepanne uten fett og koker til de er faste. Fjern dem deretter fra pannen og legg dem i retten. Hell krydret ketchup over alt.

52. Blomkålomelett

- forberedelse opptil 30 minutter
- porsjoner 2 **ingredienser:**

- 6 egg
- 2 ss revet Gouda ost
- 2 ss smør
- 0,5 kopper melk 2%
- 1 stor blomkål
- salt
- av malt svart pepper :

1. Vask blomkålen, kutt i buketter, legg dem i en kjele, tilsett 1,5 liter lettsaltet vann og kok til den er mør.
2. Etter koking av blomkålen, la den renne av og ha den i det varme smøret i en panne. Tilsett så eggene i en kopp, tilsett revet Gouda-ost, en klype salt og pepper, hell melken, pisk gaflene godt, og hell deretter hele blomkålen i pannen.
3. Stek alt til det er gyldenbrunt og server den ferdige omeletten varm.

53. omelett med ricotta og parmesanost

Ingredienser:

- 200 g ricottaost ◻ 2 ss smør
- en håndfull fersk basilikum
- salt
- nykvernet *pepperomelett:*

- 5 egg
- 1 ss hvetemel
- 1 ss revet parmesanost
- 1 spiseskje melk

1. Vask basilikum og hell av vannet. Smelt smøret i en varm panne. Tilsett ricottaosten i det smeltede smøret og stek det i 1 minutt på middels varme.

Lag en omelett:

2. del eggene i en kopp og tilsett mel, revet parmesan og en klype salt. Visp deretter ingrediensene i kruset godt med en gaffel og hell dem over i de stekte ingrediensene i pannen. Stek alt, dekket, til eggene er stivnet. Ta så alt av varmen, pynt med basilikum og dryss over nykvernet pepper.

forberedelse:

54. Potetomelett

- forberedelse 30-60 minutter
- porsjoner 4 **ingredienser:**

- 6 egg
- 500 g poteter
- 2 ss smør
- 2 ss melk 2%
- 1 løk
- 0,5 ts potetkrydder
- salt
- pepper

3. Skrubb potetene grundig under rennende vann, legg dem i en kjele, hell vann slik at de ikke stikker ut og kok i jakkene til de er myke. Etter koking, tøm den og skjær i tynne skiver. Knekk deretter eggene i en kopp, hell melken i dem, tilsett en klype salt og pepper og pisk dem sammen med en gaffel. Skrell løken, del den i små terninger og brun den i varmt smør i en panne. Tilsett de hakkede potetene i den brunede løken, dryss dem med en klype salt, pepper, potetkrydder og stek i 40 sekunder på middels varme. Hell tidligere sammenpiskede egg i de stekte ingrediensene, bland og stek til de er stivnet. Ta så alt av bålet.

forberedelse:

55. omelett med ost og soyasaus

Ingredienser:

- 15 g revet parmesanost
- 4 egg
- 2 ss melk
- 2 ss hvetemel
- 2 ss mørk soyasaus
- 0,5 ts salt
- 0,5 ts malt svart pepper
- grønn persille

1. Vask den grønne persillen, hell av vannet og finhakk. Slå eggene i en kjele, tilsett mel, salt og pepper, hell melken i dem og bland alt med en mikser til konsistensen av tykk krem. Hell de blandede ingrediensene med en skje over i en varm stekepanne uten fett og stek på begge sider på middels varme til de er lett brune.
2. Ta den så av varmen, dryss over revet parmesanost, rull den sammen og sett den tilbake på middels varme. Stek, dekket, til osten smelter. Ta så av varmen, del opp i porsjoner og legg på en tallerken. Dryss så alt med soyasaus og dryss over finhakket grønn persille.

forberedelse:

56. Kalkunrulade, omelett og spinat

Ingredienser:

- 4 kalkunbryst
- 250 g frossen spinat
- 4 ss olje
- 2 ss krydret ketchup
- 1 løk
- 0,5 ts revet muskatnøtt
- salt
- pepper

For omeletten:

- 4 egg

- 2 ss melk
- 1 ss hvetemel **forberedelse:**

1. Vask kalkunbrystene, tøm av vannet, knus dem med en stamper, legg dem på konditorbrettet, pensle med krydret ketchup på den ene siden og dryss over salt og pepper.

Lag en omelett.

2. Pisk eggene i en bolle og visp sammen med mel og melk. Ha de sammenpiskede ingrediensene i en varm panne uten fett og stek på begge sider på middels varme til eggene er faste.
3. Fjern deretter fra varmen og legg på kalkunbrystene dekket med ketchup. Skrell løken, kutt i små terninger og stek på 2 ss varm olje i en panne.
4. Tin spinat og tilsett den glaserte løken. Smak til ingrediensene med en klype salt og pepper, tilsett revet muskatnøtt, rør og la det småkoke under lokk i 2 minutter på middels varme. Etter denne tiden, fjern fra varmen og tilsett ingrediensene med kjøttet.

5. Pakk deretter alt sammen, surr med hyssing, legg i en stekepanne og drypp over 2 ss av den resterende olivenoljen. Sett alt i en ovn forvarmet til 175 ° C og stek til kjøttet er mørt.

57. Omelett med bacon, poteter og asparges

- forberedelse opptil 30 minutter
- porsjoner 2

Ingredienser:

- 30 g grønn asparges
- 20 b røkt bacon
- 4 ss olje
- 4 poteter
- 4 egg
- 2 ss melk
- 2 ss tung krem
- 0,5 ts malt rød pepper
- salt

- pepper **forberedelse:**
1. Vask aspargesen og tøm den fra vannet. Ha aspargesen i en kjele, tilsett 3 kopper lettsaltet vann, kok til den er myk og renn av.
2. Skrubb potetene grundig under rennende vann, hell 1 liter vann over dem, kok dem møre i jakkene, renn av og skjær i tynne skiver. Knekk eggene i en kjele og pisk dem med en visp med melk, en klype salt og pepper.
3. Hell den i en varm stekepanne uten fett og stek på middels varme til den er fast. Fjern deretter fra brannen og legg på en tallerken. Varm oljen i en panne og tilsett de tidligere kokte potetene.
4. Stek dem til de er gyllenbrune, ta dem så av varmen og legg dem på den stekte omeletten. Skjær baconet i terninger og brun det i varm panne uten fett. Tilsett den kokte aspargesen i det brunede baconet og stek i 1, 5 minutter på middels varme. Fjern de stekte ingrediensene fra varmen og tilsett det hele med den tunge fløten. Dryss alt med kvernet rød pepper.

58. Omelett med krutonger og bønnespirer

Ingredienser:

- 5 g mung bønnespirer
- 4 egg
- 4 skiver ristet brød
- 3 ss olje
- 2 fedd hvitløk
- 2 ss vann
- en haug med gressløk
- salt
- pepper

forberedelse:

1. Bønnespirer skålde 1 kopp kokende vann og tøm overflødig vann. Vask gressløken, hell av vannet og skjær i biter. Skjær det ristede brødet i store terninger.
2. Skrell hvitløken fra skallet, finhakk den og fres i varm olje i en panne. Tilsett det ristede brødet og gressløken til den glaserte hvitløken og stek til ingrediensene er gyldenbrune.
3. Ha så eggene i en kjele, hell vann i dem, tilsett en klype salt og pepper og hell i hele.
4. Stek alt til eggene er kuttet. Tilsett deretter de tidligere skoldede bønnespirene og stek tildekket i 40 sekunder. Ta den ferdige retten fra varmen og legg den på en tallerken.

59. Omelett med brokkoli, skinke og krutonger

- forberedelse opptil 30 minutter
- porsjoner 4

Ingredienser:

- 15 g røkt skinke
- 4 egg
- 2 ss olje
- 2 ss melk
- 1 brokkoli
- 1 løk
- 1 liten baguette
- pepper

- salt

forberedelse:

1. Vask brokkolien, del den i buketter, tilsett 1 liter lettsaltet vann, kok til den er myk og renn av.
2. Skrell løken fra skallet, skjær den i terninger og stek på 1 ss varm olje i en panne.
3. Skjær skinken i terninger, tilsett den glaserte løken og brun den. Pisk så eggene med melk i en kjele og hell over de stekte ingrediensene. Tilsett den tidligere kokte brokkolien, dryss over en klype salt og pepper og stek til eggene er møre.
4. Klar til å fjernes fra brannen og legges på en tallerken. Skjær baguetten i tynne skiver, brun i den resterende oljen på begge sider og legg i retten.

60. Svinekotelett med omelett, ris og mais

- forberedelse opptil 30 minutter
- porsjoner 2

Ingredienser:

- 200 g mais i saltlake
- 6 ss olje
- 4 egg
- 4 pinnekjøtt med bein
- 2 ss krydret ketchup
- 2 fedd hvitløk
- 1 ss mel
- 1 spiseskje melk
- 1 kopp brun ris

- salt
- pepper

forberedelse:

1. Vask kjøttet, hell av vannet og del det i porsjoner. Skyll brun ris under rennende vann, hell 2 glass lettsaltet vann over og kok til vannet er helt fordampet.
2. Skrell deretter hvitløken fra skallet, finhakk den og fres i 2 ss varm olje i en panne. Tilsett maisen som er drenert fra sylteagurken og den tidligere kokte risen til den glaserte hvitløken.
3. Smak til ingrediensene med en klype salt og pepper og stek i 1,5 minutter på middels varme. Fjern det stekte fra varmen og legg på en tallerken.
4. Knekk eggene i en kjele, tilsett deretter melet, hell over melken, dryss over en klype salt og rist det hele godt med en visp.
5. Hell de sammenpiskede eggene i en varm stekepanne uten fett og stek til stivnet. Fjern deretter fra varmen og tilsett ingrediensene på platen. Dryss pinnekjøttet med pepper og salt og stek på begge sider i den resterende varme oljen i pannen.

6. Tøm de stekte for fett og tilsett i retten. Hell krydret ketchup over alt.

61. Fransk omelett

Ingredienser:

- 15 g tartare sera Gruyere
- 2 ss smør
- en haug med gressløk
- pepper
- salt **forberedelse:**

1. Vask gressløken og tøm den fra vannet. Ha eggene i en kjele, dryss over en klype salt og pepper og pisk godt med en visp. Varm smøret i en stekepanne, tilsett de sammenpiskede eggene og stek til det

stivner. Dryss så det hele med revet Gruyereost og hakket gressløk. Rull alt sammen med en slikkepott og stek dekket til osten er smeltet.

62. Omelett med poteter, asparges og

ost

- forberedelse opptil 30 minutter
- porsjoner 2

Ingredienser:

- 20 g grønn asparges
- 20 g røkte baconskiver
- 20 g geit cottage cheese
- 4 egg
- 4 poteter
- 2 ss melk
- 2 fedd hvitløk
- 2 ss olje

- 1 ss hvetemel
- 0,5 ts malt rød pepper
- salt
- pepper

forberedelse:

1. Vask grønnsakene og hell av vannet. Knekk eggene i en kjele, hell melken i dem, tilsett melet, smak til med en klype salt og pepper og pisk godt med en visp.
2. Hell de sammenpiskede ingrediensene i en varm stekepanne uten fett og stek til alt er fast. Fjern den deretter fra brannen og legg den på en tallerken. Del baconet i terninger.
3. Skrell potetene og skjær i tynne skiver. Skrell hvitløken fra skallet, skjær i biter og stek i varm olje i en panne. Tilsett hakkede poteter og asparges til den glaserte hvitløken.
4. Dryss ingrediensene med en klype salt og malt paprika og stek til de er gyldenbrune. Tilsett så hakket bacon og stek til kjøttet er gyllenbrunt. Fjern de stekte fra varmen og legg dem på en omelett på en tallerken.

63. Omelett med poteter, asparges og ost

- forberedelse opptil 30 minutter
- porsjoner 4

Ingredienser:

- 20 g grønn asparges
- 20 g røkte baconskiver
- 20 g geit cottage cheese
- 4 egg
- 4 poteter
- 2 ss melk
- 2 fedd hvitløk

- 2 ss olje
- 1 ss hvetemel
- 0,5 ts malt rød pepper
- salt
- pepper

forberedelse:

1. Vask grønnsakene og hell av vannet. Knekk eggene i en kjele, hell melken i dem, tilsett melet, smak til med en klype salt og pepper og pisk godt med en visp.
2. Hell de sammenpiskede ingrediensene i en varm stekepanne uten fett og stek til alt er fast. Fjern den deretter fra brannen og legg den på en tallerken. Del baconet i terninger. Skrell potetene og skjær i tynne skiver. Skrell hvitløken fra skallet, skjær i biter og stek i varm olje i en panne.
3. Tilsett hakkede poteter og asparges til den glaserte hvitløken. Dryss ingrediensene med en klype salt og malt paprika og stek til de er gyldenbrune. Tilsett så hakket bacon og stek til kjøttet er gyllenbrunt.
4. Fjern de stekte fra varmen og legg dem på en omelett på en tallerken.

64. Tofu-omelett

Ingredienser:

- 40 g silkeaktig tofu
- 40 g mais i saltlake
- 2 egg
- 2 blader rød salat
- 2 cherrytomater
- 2 ss melk
- 2 ss olje
- 1 ss maisstivelse
- en haug med liten gressløk
- sol
- pepper

forberedelse:

1. Vask grønnsakene og hell av vannet. Legg salaten og tomatene på en tallerken.
2. Fjern maisen fra saltlaken og hell i en bolle. Tilsett tofu og gressløk knust i små biter.
3. Hell så melken i den, tilsett maismel og tilsett eggene. Smak til med pepper og salt og bland godt. Varm deretter oljen i en panne og ha de blandede ingrediensene på den.
4. Stek alt til det er gyldenbrunt på begge sider på middels varme, ta det så av varmen og tilsett ingrediensene på platen.

65. Biffomelett

Ingredienser:

- 200 g kjøttdeig
- 3 ss olje
- 2 egg
- 2 ss mørk soyasaus
- 1 rød paprika
- 1 tomat
- 1 grønn agurk
- 1 vårløk
- 1/2 ts magi
- salt
- pepper

forberedelse :

1. Vask grønnsakene og hell av vannet. Skjær tomaten i skiver. Skrell agurken og skjær den også i skiver.
2. Fjern frøene fra paprikaen og skjær den i små terninger. Skrell vårløken og skjær den i terninger også.
3. Varm olje i en stekepanne, tilsett kjøttdeig, tilsett soyasaus, smak til med pepper, salt, magi, bland og stek til kjøttet endrer farge.

4. Tilsett så hakket pepper og vårløk og stek i 2,5 minutter. Knekk eggene i en kjele, pisk dem med en gaffel og hell dem deretter i de stekte ingrediensene.
5. Smak til med krydder etter smak, bland og stek til eggene er helt faste. Fjern den ferdige maten fra varmen og legg den på en tallerken. Tilsett deretter skivet agurk og tomat til den.

66. Omelett med kyllinglever

- Forberedelser 15 min
- Koketid 30 min

Ingredienser

- 6 egg
- 150 g kyllinglever
- 2 sjalottløk
- 3 ss olivenolje
- 1 ts hakket persille, 1 ts hakket gressløk, 1 ts hakket estragon
- Salt pepper **forberedelse**

1. Del og skjær i 4 kyllinglever. Skrell og finhakk sjalottløken.
2. Stek kyllinglever i olivenolje og stek i 3 til 4 minutter. Behold dem deretter og svett sjalottløken over en ganske myk ild. Bland dem med leveren og reserver.
3. Pisk eggene, salt og pepper dem. Kok dem i en slurvete omelett. Fordel over kyllinglever og urter.
4. Brett omeletten og legg den over på et serveringsfat.

67. Omelett med reker og sopp

- forberedelse opptil 30 minutter
- porsjoner 2 **ingredienser:**

- 5 tigerreker
- 6 sopp
- 4 egg
- 3 ss olje
- 2 fedd hvitløk
- 1 rød paprika
- 1 ss mel
- 1 ss melkegrønnkål til dekorasjonssalt

☐
☐

- pepper

forberedelse:

1. Vask grønnsaker og sopp og hell av vannet. Fjern hinnene fra soppen og skjær den i tynne skiver. Fjern frøene fra paprikaen og kutt i biter. Rens rekene fra uspiselige deler.
2. Knekk eggene i en kjele, hell melet i dem, hell melken og pisk det hele med en visp. Skrell hvitløken fra skallet, finhakk den og stek i varm olje i en panne. Tilsett de rensede rekene og hakkede soppene i den glaserte hvitløken, dryss over en klype salt og stek i 2,5 minutter, dekket, over middels varme.
3. Hell så de sammenpiskede eggene i de stekte ingrediensene, smak til med en klype salt, bland godt og stek til eggene er stivnet. Ta så alt av bålet og legg det på en tallerken. Dryss den ferdige retten med nykvernet pepper og pynt med grønnkål og hakket paprika.

68. Tortilla med omelett

Ingredienser:

- 15 g røkt skinke i skiver
- 4 egg
- 2 tortillas
- 2 ss hvetemel
- 2 ss melk
- 2 ss krydret ketchup
- 1 løk

- 1 spiseskje olje
  1 haug med gressløk
  0,5 kopper lunkent vann
- salt
- pepper

forberedelse:

1. Bløtlegg tortillapannekakene med lunkent vann, legg dem deretter i en varm stekepanne uten fett og stek i 40 sekunder på den ene siden. Fjern det stekte fra varmen og legg på en tallerken. Vask gressløken, hell av vannet og skjær i biter. Knekk eggene i en bolle, tilsett den hakkede skinken i små biter. Hell i melet, hell i melken, smak så til med pepper og salt og visp grundig med en visp. Skrell løken, kutt i små terninger og stek i varm olje i en panne. Hell de sammenpiskede ingrediensene i den glaserte løken og stek til den stivner (kun på den ene siden). Ha så det hele i tortillas, hell over ketchup og strø over hakket gressløk.

70. Omelett med salami og løk

- forberedelse: opptil 30 minutter
- porsjoner 2 **ingredienser:**

- 15 g salami
- 4 egg
- 2 ss sorte oliven i saltlake
- 2 ss hvetemel
- 2 ss melk
- 2 ss olje
- 1 løk
- 1 drivhus grønn agurk salt pepper

forberedelse:

2. Vask agurken, tøm av vannet, skjær i tynne skiver, dryss over en klype salt og legg på en tallerken. Tilsett den tynne skiver hvit ostemasse til den. Knekk eggene i en bolle, tilsett mel, melk og pisk godt med en gaffel. Skrell løken fra skallet, skjær i tynne skiver, legg til sammenpisket egg med terninger av salami, og bland deretter alt. Varm oljen i en stekepanne og hell de blandede ingrediensene i en skje. Smak til med pepper og salt og stek først på den ene siden, og når eggene er stivnet, snu og stek på den andre siden til de er gyldenbrune. Fjern den stekte omeletten fra varmen, rull den sammen og legg i agurkene. Tilsett olivenene som er avrent fra sylteagurken.

71. Biffomelett

- forberedelse opptil 30 minutter
- porsjoner 2

Ingredienser:

- 200 g kjøttdeig
- 3 ss olje
- 2 egg
- 2 ss mørk soyasaus
  1 rød paprika

- 1 tomat
- 1 grønn agurk
- 1/2 ts Maggi
- salt
- pepper

forberedelse:

1. Vask grønnsakene og hell av vannet. Skjær tomaten i skiver. Skrell agurken og skjær den også i skiver.
2. Fjern frøene fra paprikaen og skjær den i små terninger. Skrell vårløken og skjær den i terninger også. Varm olje i en stekepanne, tilsett kjøttdeig, tilsett soyasaus, smak til med pepper, salt, Maggi, bland og stek til kjøttet endrer farge.
3. Tilsett så hakket pepper og vårløk og stek i 2,5 minutter. Knekk eggene i en kjele, pisk dem med en gaffel og hell dem deretter i de stekte ingrediensene.
4. Smak til med krydder etter smak, bland og stek til eggene er helt faste. Fjern den ferdige maten fra varmen og legg den på en tallerken. Tilsett deretter skivet agurk og tomat til den.

72. Omelett med ost og brokkoli

- forberedelse opptil 30 minutter
- porsjoner 2

Ingredienser:

- 6 cherrytomater
- 5 g revet Gouda ost
- 4 egg
- 2 ss hvetemel
- 2 ss melk
- 2 ss olje
- 1 brokkoli
- 1 rødløk

- grønnkål til pynt
- salt
- pepper

forberedelse:

1. Vask grønnsakene og hell av vannet. Del brokkolien i buketter, hell 1 liter lettsaltet vann, kok til den er myk og renn av.
2. Knekk eggene i en bolle. Hell deretter melet i dem, tilsett revet ost, hell i melken og bland alt grundig med en visp.
3. Skrell løken fra skallet, skjær den i terninger og fres i varm olje i en panne. Hell de blandede ingrediensene i den glaserte løken, smak til med pepper og salt, og tilsett deretter den tidligere kokte brokkolien.
4. Stek det hele på middels varme til ingrediensene er helt tørre. Klar til å fjernes fra brannen og legges på en tallerken. Pynt alt med cherrytomater og grønnkål.

73. Omelett i brød med bacon og urter

Ingredienser:

- 20 g røkt bacon
- 6 skiver gammelt brød
- 4 egg
- 1 ss hvetemel
- 1 ts tørket timian
- 1 ts merian
- 0,5 varmt vann
- salt
- pepper

forberedelse:

1. Fjern skorpene fra gammelt brød og fukt det med varmt vann i en bolle. Legg det bløtlagte brødet på en springform med en diameter på 30 cm.
2. Skjær baconet i små terninger og ha det i en bolle. Hell eggene i det hakkede baconet, tilsett mel, merian, timian, smak til med en klype salt og pepper og bland godt.
3. De blandede ingrediensene hell kakeformen med brødet og sett i ovnen forvarmet til 170 grader. Stek til eggene er helt stivnet, ta deretter formene ut av ovnen og avkjøl litt.

74. omelett med morkler og spinat

- forberedelse opptil 30 minutter
- porsjoner 2

Ingredienser:

- 40 g ferskt salt
- 4 ss smør
- 3 egg
- 2 ss melk
- 1 håndfull fersk spinat
- 1 løk □ pepper
- salt

forberedelse:

1. Rens morklene grundig, skyll under rennende vann og skjær i lange strimler. Smelt deretter smøret i en panne og tilsett hakket sopp.
2. La soppen småkoke under lokk over svak varme i 20 minutter, rør av og til. Tilsett deretter den skrellede og hakkede løken og stek i 1,5 minutter. Vask spinaten, hell av vannet og tilsett ingrediensene. Knekk eggene i en kjele, bland dem med melk, en klype salt og pepper og hell dem i de stekte ingrediensene.

3. Stek alt til eggene er helt tette. Fjern den deretter fra brannen og legg den på en tallerken.

75. omelett med reker og sopp

- forberedelse opptil 30 minutter
- porsjoner 2 **ingredienser:**

- 5 tigerreker
- 6 sopp
- 4 egg
- 3 ss olje
- 2 fedd hvitløk

- 1 rød paprika
- 1 ss mel
- 1 spiseskje melk
- grønnkål til pynt
- salt
- pepper

forberedelse:

1. Vask grønnsaker og sopp og hell av vannet. Fjern hinnene fra soppen og skjær den i tynne skiver. Fjern frøene fra paprikaen og kutt i biter.
2. Rens rekene fra uspiselige deler. Knekk deretter eggene i en kjele, hell melet, hell melken og pisk det hele med en visp.
3. Skrell hvitløken fra skallet, finhakk den og stek i varm olje i en panne. Tilsett de rensede rekene og hakkede soppene i den glaserte hvitløken, dryss over en klype salt og stek i 2,5 minutter, dekket, over middels varme.
4. Hell så de sammenpiskede eggene i de stekte ingrediensene, smak til med en klype salt, bland godt og stek til eggene er stivnet.
5. Ta så alt av bålet og legg det på en tallerken. Dryss den ferdige retten med nykvernet

pepper og pynt med grønnkål og hakket paprika.

76. Marokkansk omelett

- Koketid 15 til 30 min
- porsjoner 4 **ingredienser**

- 2 ss olivenolje
- 2 sjalottløk (fint kuttet)
- 4 tomater (middels, uthulet, i terninger)
- 1 ts Ras el-Hanout (marokkansk krydderblanding)
- 8 egg
- 2 ss koriander (fersk, hakket)
- sjøsalt
- Pepper (fra møllen) **forberedelse**

1. Varm først olivenolje i en panne (med et jern- eller trehåndtak). Stek sjalottløk i den, tilsett tomater i terninger, smak til med ras el-hanout, havsalt og pepper.
2. Pisk eggene forsiktig inn i pannen og stek i ovnen ved 180 °C i 8-10 minutter. Dryss den marokkanske omeletten med nyhakket koriander og havsaltflak.

77. Geitosteomelett med basilikum

- Koketid Mindre enn 5 min
- Porsjoner 4 **ingredienser**

- 4 egg(er)
- salt
- pepper
- 200 g ost (geitost)
- 2 ss basilikum (grovhakket)
- 60 g smør

forberedelse

2. Visp eggene i en bolle til geitosteomeletten, smak til med salt og pepper, og visp alt godt. Skjær geitosten i terninger og bland med eggene sammen med nyhakket basilikum.
3. Varm halvparten av smøret i en panne, hell i halvparten av eggedosisen, og snurr i pannen for å fordele blandingen jevnt. Reduser varmen litt. La omeletten stivne sakte, brett den på midten og legg den på en forvarmet tallerken.
4. Forbered og server den andre geitosten omelett på samme måte.

78. Villhvitløksomelett

- Koketid 5 til 15 min
- Porsjoner: 4 **ingredienser**

- 1 håndfull vill hvitløk
- 2 kjøtttomater
- 1/2 Zucchini
- 8 egg
- 80 g emmentaler (eller annen fjellost)
- 2 kvister timian
- 3 kvist(er) persille
- Smør
- Rapsolje
- salt
- Pepper (nykvernet) **forberedelse**

1. Skyll villhvitløksbladene med kaldt vann, sentrifuger og finhakk til villhvitløksomeletten. Vask tomater og zucchini og tørk, fjern røttene og stilkene fra zucchinien. Skjær grønnsakene i terninger.
2. Varm litt smør og rapsolje i en panne, fres i terninger av grønnsaker og vill hvitløk. Fjern fra kokeplaten.
3. Pisk eggene i en bolle og smak til med finhakkede urter, salt og pepper. Rør nå inn grovrevet ost. Varm oljen i en stor panne og hell i eggedosisen. La det stivne litt, legg de dampede grønnsakene på toppen og brett

omeletten. Snu en gang, del opp i porsjoner og server villhvitløksomeletten på tallerkener.

79. Skinke- og osteomelett

ingredienser

- 1 egg
- 1/2 ts mel
- 2 ss melk
- 50 g Edam
- 1 skive(r) skinke (kuttet i fine strimler)
- 1/4 ts chili krydder
- salt

- smør
- 1/2 tomater
- 1 kvist (r) persille

forberedelse

1. Pisk egget godt. Tilsett ost, melk, mel, skinke og krydder og rør godt.
2. Hell eggeblandingen i en oppvarmet, smurt panne og la den stivne. Legg tomatskivene oppå og varm opp i ytterligere 1-2 minutter.
3. Pynt med persille.

80. Hytteomelett

- Koketid 15 til 30 min **ingredienser**

- 3 egg
- 1 ss vann (varmt)
- 1 ss mel (hauget)
- litt persille (hakket)
- 1 klype salt
- litt pepper
- 2 ss løk (stekt)
- 1 håndfull bacon (kuttet)

forberedelse

1.
 • 5 skive(r) ost (krydret) Til hytteomelett blander du først alle ingrediensene bortsett fra osten.
2. Varm opp litt olje i en panne (20 cm Ø) og hell i deigen. Dekk til og stek undersiden brun over moderat varme. Oversiden skal være fast før den snus.
3. Etter å ha snudd, kutt i to, dekk den ene siden med ost og la osten smelte. La undersiden bli brun igjen. Brett deretter begge halvdelene av hytteomeletten sammen.

81. Potetomelett med ost

- Koketid 15 til 30 min
- porsjoner 4 **ingredienser**

- 1 kg poteter
- 2 løk (hakket)
- 50-100 g bacon i terninger
- 50-100 g Gouda (kuttet i små terninger eller revet)
- smør
- 6 egg
- salt
- pepper

forberedelse

1. Til potetomelett koker du potetene i ca 20 minutter, skrell og skjærer dem i skiver.
2. Stek løk og bacon i terninger i litt smør, tilsett potetene og stek til de er sprø.
3. Bland eggene med litt salt og pepper, bland inn osteterningene og hell denne blandingen over potetene. Stek til blandingen har tyknet.
4. Ta den ferdige potetomeletten ut av pannen, pynt eventuelt med persille og server.

82. omelett med kantareller

ingredienser

- 2 stilk(e) vårløk
- 2 stk. Løk
- 2 ss smør
- 100 g skinke (kokt)
- 400 g kantareller (ferske)
- Sitronsaft)
- salt
- pepper
- 1 klype muskatnøtt
- 2 bunter persille (hakket)

For omelettene:

- 8 egg
- 500 ml melk

- smør
- 2 haug med gressløk (kuttet)

forberedelse

1. Til omeletten med kantareller renses vårløken med grønnsakene og kuttes i strimler.
2. Skrell løken og skjær i fine terninger. Damp vårløken og løken i smøret til den er gjennomsiktig. Legg skinken skåret i små strimler eller terninger til løken.
3. Rens kantarellene og skjær dem i små biter etter behov. Drypp over litt sitronsaft og tilsett skinken. Smak til med salt, pepper og muskat og fortsett å steke.
4. På slutten av koketiden, krydre godt igjen, brett inn persillen og ha den klar.
5. Til omelett, visp eggene med melken.
6. Stek omelettene i porsjoner. For å gjøre dette, stek blandingen av 2 egg hver i smør og la den stå i 1-2 minutter med lokket lukket.
7. Dekk med kantarellblandingen, slå opp og strø over gressløk og ta med til bordet.

83. omelett med reker

ingredienser

- 4 egg
- 1/2 pinne(r) purre
- 1 haug med gressløk
- 250 g reker
- salt
- 1 ss sitronsaft
- 1 fedd (e) hvitløk
- pepper

forberedelse

1. Til omeletten med reker skjærer du purren i små biter.
2. Pisk eggene, tilsett purre, salt og pepper. Varm opp litt smør i en panne og tilsett den piskede eggedosisen.
3. La den stivne i ca 3 minutter, og snu omeletten kort og la den koke.
4. Varm opp litt smør i en egen panne.
5. Hakk hvitløken og fres den kort sammen med rekene. Smak til med sitronsaft, salt og pepper og server omeletten med reker.

84. Omelett fylt med feta

- Tilberedning: 40 min
- porsjoner 2 **ingredienser**

- 1 sjalottløk
- 4 egg
- salt
- pepper fra kvernen
- 4 ss creme fraiche ost
- 2 ts sennep
- 2 ts sitronsaft
- 2 ss finhakket basilikum
- 2 ss smør
- 100 g

- feta
- basilikum

Forberedelsestrinn

6. Skrell og finhakk sjalottløk. Skille egg. Pisk eggehvitene med en klype salt til de er stive. Pisk eggeplommene med 2 ss creme fraiche, sennep, sitronsaft og finhakket basilikum. Smak til med salt og pepper, vend inn eggehvitene løst.
7. Smelt halvparten av smøret i en non-stick panne. Tilsett halvparten av sjalottløken og fres. Tilsett halvparten av omelettblandingen og stek i 6-8 minutter til undersiden er gyllenbrun og overflaten tykner mens du dekker pannen. Trekk deretter kjelen av komfyren.
8. Smør 1 ss creme fraiche på omeletten og dekk med halvparten av den smuldrede fetaen, smak til med salt og pepper og brett omeletten ved hjelp av en slikkepott.
9. Stek den andre omeletten på samme måte (muligens i en andre panne).
10. Plasser omeletter på tallerkener og server pyntet med basilikum.

85. omelett med frukt

- forberedelse: opptil 30 minutter
- porsjoner 2 **ingredienser:**

- 6 egg
- 1 ts hvetemel
- 0,5 kopper melk 2%
- salt
- en haug med gressløk

FRUKT:

- 6 bananer
- 1 kopp blåbær **forberedelse:**

3. Vask bananer og bær og tøm for vann. Fjern endene av bananene, skrell dem, skjær kjøttet i tynne skiver og legg på en tallerken.

Lag en omelett:

4. del eggene i en kopp, hell melken i dem, tilsett melet, en klype salt og finhakket gressløk. Bland alt godt med en gaffel, hell det så over i en varm stekepanne uten fett og stek på middels varme til eggene er helt stivnet. Ta så av varmen og tilsett bananene på tallerkenen. Dryss alt med blåbær.

86. Spaghettiomelett

Ingredienser

- 5 egg
- 150 g spaghetti
- 30 g parmesan (nyrevet)
- 30 g smør
- 1 klype muskatnøtt (revet)
- Sjøsalt
- Pepper

Forberedelse

1. Kok og sil spaghettien i henhold til pakken etter behov.
2. Pisk eggene i en bolle. Rør inn parmesan og smak til med salt, pepper og en klype muskatnøtt.
3. Bland inn kokt spaghetti og rør godt.
4. Stek halvparten av smøret i en panne og stek pastablandingen i gyllen varme uten å røre.
5. Smelt resten av smøret på toppen av omeletten. Snu omeletten og stek den andre siden til den er sprø.
6. Porsjoner og server varm.

87. Urteomelett

Ingredienser

- 12 egg
- 12 ss urter (valgfritt, vasket, finhakket)
- 6 ss smør
- 1 ss mel
- 1/8 l melk
- salt
- pepper
- 2 ss parmesan (eller annen hard ost etter smak)

Forberedelse

1. Smelt først smøret i en panne for urteomeletten og braiser urtene forsiktig på lav varme. OBS: Urtene må ikke brune i det hele tatt!
2. I mellomtiden rører du eggene med salt, pepper, parmesan, mel og melk til en flytende pannekakerør. Hell forsiktig over urtene, rør godt. Når det har dannet seg en fast skorpe på undersiden snur du deigen og steker. (Tilsett litt smør etter smak, slik at den andre siden også blir sprø.)
3. Ordne og server urteomeletten på tallerkener.

88. Hagefriske omeletter

Ingredienser

- 1 ⅓ kopper grovhakkede tomater, avløp
- 1 kopp grovhakket, pittet agurk
- En halv moden avokado, halvert, frøsådd, skrellet og hakket
- ½ kopp grovhakket rødløk (1 medium)
- 1 fedd hvitløk, hakket
- Kutt 2 ss fersk persille
- 2 ss rødvinseddik
- 1 spiseskje olivenolje
- 2 egg
- 1½ kopper kjølt eller frossen eggprodukt, tint
- ¼ kopp vann
- 1 ss skivet fersk oregano eller 1 ts tørket oregano, knust
- ¼ teskje salt
- ¼ teskje malt svart pepper
- ⅛ teskje knust rød pepper
- ¼ kopp smuldret fetaost med lavt fettinnhold

Forberedelse

1. For salsa, rør tomater, agurk, avokado, løk, hvitløk, persille, eddik og 1 ts olje sammen i en middels bolle.
2. Pisk egg, eggeprodukt, vann, oregano, salt og sort pepper i en middels bolle og knus den røde pepperen. For hver omelett, varm 1/2 teskje av den gjenværende oljen over middels varme i en 8-tommers non-stick panne. Steke med 1/2 kopp av eggedosisen. Rør eggene med en slikkepott til blandingen ser ut som stekte biter av et egg omgitt av væske. Slutt å røre, men fortsett å koke til du setter egget. 1/3 kopp salsa skje over den ene siden av eggblandingen stekt. Fjern omelett fra pannen; brett overfylling. Gjenta for å lage totalt fire omeletter.
3. Server per omelett med en fjerdedel av salsa-resten. Dryss på 1 ss fetaost med hver omelett.

89. Avokadotoast og omelett

Ingrediens

- 1 middels moden avokado
- 2 ss limejuice, eller smak til
- 1-2 finhakket fersk gressløk
- 3/4 ts kosher salt, eller smak
- 3/4 ts nykvernet sort pepper, smak til
- To-skive håndverker-stil brød (tykt brød er mer effektivt og kalles noen ganger "Texas toast" eller "french toast")
- 2 ss usaltet smør
- 2 store egg
- Smak på salt og nykvernet sort pepper

Veibeskrivelse

1. Tilsett avokado, limejuice, gressløk, kosher salt, nykvernet sort pepper, mos avokado med en gaffel, og bland med en gaffel i en middels bolle; sette til side.
2. Skjær en 2,5 til 3 "sirkel med en utstikker eller et glass fra midten av hver brødskive.
3. Fest smøret og la det koke over middels lav varme for å smelte til en stor stekepanne.
4. Fest egget, eggrundene, og stek på den første siden til de er gyldenbrune, ca. 1 til 2 minutter.
5. Snu det hele, knekk et egg i hver brødbits hull, og krydre eggene med salt og pepper.
6. Dekk til pannen og kok i 3 til 6 minutter til egg er nødvendig. Stek brødrundene raskere enn eggene (på rundt 1 til 2 minutter); ta dem ut av pannen så snart de er gyldenbrune og legg dem på et fat. Legg egget i et hull og legg på tallerkenen.
7. Fordel avokadoblandingen jevnt over runder med brød og egg og server med en gang. Oppskriften er kjøligere og friskere sterkere.

90. Zucchini Omelett med urter

ingredienser

- 300 g liten kålrabi (1 liten kålrabi)
- 1 ss eplecidereddik
- 1 ts valnøttolje
- 2 egg
- salt
- 125 g zucchini (0,5 zucchini)
- 1 stilk dill
- 1 stilk persille
- 1 kart. tørket timian
- pepper
- 100 g cherrytomater
- 2 ts olivenolje

- 15 g pinjekjerner (1 ss)
- 10 g høvlet parmesanost (1 ss; 30 % fett i tørrstoff)

Forberedelsestrinn

1. Rens, vask, skrell kålrabien, kutt i veldig fine skiver, bland og sett til side med eddik og valnøttolje.
2. I mellomtiden visp, salt og visp eggene i en bolle. Rens zucchinien, vask og skjær i tynne skiver. Vask persille og dill, og rist tørt. Hakk persillen og halve dillen, ha timian og pepper på eggene og smak til med.
3. Vask tomater med kirsebær. Varm en teskje olje i en kjele. Tilsett cherrytomatene og stek på middels varme i 4 minutter. Ta ut og sett til side fra pannen.
4. Legg squashskivene i pannen, og fres på middels varme i 4 minutter. Hell i blandingen av egg og la avkjøles i 4-5 minutter.
5. Brett omeletten, legg den marinerte kålrabien på en tallerken og draperer ved siden av. Tilsett tomatene og dryss over omeletten med pinjekjerner, parmesan og resterende dill.

91. Fullkornsbrød med omelett og bakte bønner

ingredienser

- 400 g bakte bønner (hermetisert)
- 3 stilker persille
- 6 egg
- salt
- pepper
- 2 ss smør
- 200 g agurk
- 4. tomater
- 4 skiver grovt brød

Forberedelsestrinn

1. Ha de bakte bønnene i en kjele og varm opp på middels varme.
2. I mellomtiden vasker du persillen, rister tørr, finhakker og visp sammen med egg, salt og pepper.
3. Varm opp smøret i en belagt panne. Tilsett eggene og la dem koke på middels varme.
4. Rens, vask og skjær agurken i tynne skiver. Rens, vask og kutt tomater. Ordne brød med bakte bønner, omelett, agurk og tomat.

92. Asparges og skinkeomelett med poteter og persille

ingredienser

- 200 g nypoteter
- salt
- 150 g hvit asparges
- 1 løk
- 50 g bresaola (italiensk biffskinke)
- 2 stilker persille
- 3 egg
- 1 ss rapsolje
- pepper

Forberedelsestrinn

1. Vask potetene godt. Kok i kokende saltet vann i ca. 20 minutter, renn av og avkjøl. Mens potetene koker, skrell aspargesen, skjær av de nederste treendene. Kok asparges i saltet vann i ca 15 minutter, løft opp av vannet, renn godt av og avkjøl. Skrell løken og hakk den fint.
2. Skjær asparges og poteter i små biter.
3. Skjær bresaolaen i strimler.
4. Vask persille, rist tørr, plukk blader og hakk. Pisk eggene i en bolle og visp sammen med hakket persille.
5. Varm oljen i en belagt panne og fres løkterningene til middels høy varme til de er gjennomsiktige.
6. Tilsett poteter og fortsett å steke i 2 minutter.
7. Tilsett asparges og stek i 1 minutt.
8. Tilsett bresaolaen og krydre alt med salt og pepper.
9. Ha eggene i pannen og dekk til og la det småkoke i 5-6 minutter på svak varme. Fall ut av pannen og server umiddelbart.

93. Geitosteomelett med ruccola og tomater

- Tilberedning: 15 minutter

ingredienser

- 4 protein(er)
- 2 egg(er)
- 1 liten håndfull ruccola
- 2 tomater
- 1 ts olivenolje
- salt
- pepper
- 50 g ung geitost

Forberedelsestrinn

1. Skill 4 egg og ha eggehvitene i en bolle (bruk eggeplommer andre steder). Tilsett de resterende 2 eggene og visp alt med en visp.
2. Vask raketten, sentrifuger og hakk den grovt med en stor kniv.
3. Vask tomatene, kutt stilkendene i en kileform og skjær tomatene i skiver.
4. Varm en belagt panne (24 cm) og smør med olje.
5. Tilsett den piskede eggeblandingen. Smak til med salt og pepper.
6. Stek litt på middels varme (egget skal fortsatt være litt rennende) og snu ved hjelp av en tallerken.
7. Smuldre geitost over omeletten med fingrene. Legg omeletten på en tallerken, topp med tomatskiver og dryss rucola. Fullkornstoast passer godt til dette.

94. Osteomelett med urter

- Tilberedning: 5 min
- koking i 20 min **ingredienser**
- 3 stilker kjørvel
- 3 stilker basilikum
- 20 g parmesan
- 1 sjalottløk
- 8 egg
- 2 ss creme fraiche ost
- 1 ss smør
- 150 g saueost
- salt
- pepper

Forberedelsestrinn

1. Vask kjørvel og basilikum, rist tørr og grovhakk. Riv parmesanen. Skrell og finhakk sjalottløken. Pisk eggene med crème fraiche, parmesan, kjørvel og halvparten av basilikumen.

2. Smelt smør i en ildfast panne, stek sjalottløk, hell egg og knus fetaost. Stek i en forvarmet ovn ved 200 ° C

    (konveksjon 180 ° C, gass: nivå 3) i ca. 10 minutter til den er gylden.

3. Ta ut av ovnen, smak til med salt og pepper, dryss over resten av basilikum og nyt.

95. Tunfiskomelett

ingredienser

- 1 dl melk
- 0,5 boks(er) tunfisk
- 0,5 løk (liten)
- litt basilikum
- litt oregano
- litt **saltpreparat**

1. Pisk eggene med en skvett melk til tunfiskomeletten og smak til med salt og pepper. Varm oljen i en panne og tilsett eggedosisen.

2. La det stivne i noen minutter. Fordel deretter tunfisken og løkringene over toppen. Dryss til slutt litt basilikum og oregano på toppen.

96. Omelett med kjøttkake

ingredienser

- 3 ss ost (revet)
- 1 skive (r) kjøttkake
- 1 løk (liten)
- salt
- gressløk
- Olje (til steking) **forberedelse**

1. For omeletten med kjøttbrød, knekk først eggene og visp. Deretter skjærer du kjøttbrødet i små biter. Skjær til slutt løken i fine strimler.

2. Varm oljen i en panne og stek kjøttbrødet. Hell eggene over og la det stivne litt. Strø over revet ost, legg på løkstrimlene og stek ferdig.
3. Smak til med salt og pepper og dryss over gressløk.

97. Sunn omelett

ingredienser
- 4 stk egg
- 1 tomat
- 1 løk (liten)
- 1 fedd hvitløk (små)
- Urter (fersk, basilikum eller gressløk)
- Paprikakrydder
- salt
- Pepper (ad mill)

forberedelse

1. Bland eggene i en bolle og tilsett de hakkede urtene, litt paprika, salt og pepper til omeletten.
2. Skjær tomat og løk i terninger. Stek nå løkene med olje eller smør til de er gjennomsiktige. Tilsett så tomater og hvitløk og stek videre kort.
3. Tilsett så innholdet i pannen til eggene i bollen og bland alt. Stek halvparten på middels varme for å lage en omelett.
4. Når omeletten er stekt på den ene siden (og snudd), kan du strø litt ost over om du vil og deretter brette omeletten.
5. Gjør så det samme med resten av massen. Til slutt ordner og serverer omeletten.

98. Pizzaomelett

ingredienser

For omeletten:
- 3 egg (økologisk, m)
- 1 shot mineralvann
- 1 shot melk (økologisk)
- 1/2 ts salt
- Pepper (fra møllen)
- 1 ts smør (organisk) For å dekke:
- 1 stk tomater (økologiske)
- 50 g fetaost (økologisk)
- 1/2 mozzarella (økologisk)
- basilikum
- Urter (etter ønske)

forberedelse

1. Skjær tomater og mozzarella i skiver, smuldre lett fetaost, skjær basilikumen grovt i strimler. Hakk friske urter. Pisk alle ingrediensene til omeletten.
2. Varm opp smøret i en mindre panne, hell i eggedosisen og la det stivne. Når eggeblandingen har stivnet snur du den forsiktig og steker kort på den andre siden.
3. Forvarm ovnen til ca. 200°C over-/undervarme. Legg den ferdige omeletten på en stekeplate dekket med bakepapir.
4. Topp omeletten med de resterende ingrediensene og stek i ca 10 minutter til osten har smeltet.
5. Ordne og server pizzaomeletten.

99. Eple- og baconomelett

- Koketid 5 til 15 minutter
- Porsjoner: 2 **ingredienser**
- 6 egg
- 70 ml kremfløte
- salt
- chili
- 1 ts gressløk
- 1 eple
- 150 g **baconpreparat**

1. Til eple- og baconomelett steker du det oppskårne baconet lett i en panne, tar deretter ut av pannen og setter til side.

2. Fjern kjernen fra eplet og skjær i ringer ca. 4 mm tykk. Stek også i pannen.
3. Bland eggene med kremfløten og krydderne i mellom. Ha eplene og baconet tilbake i kjelen, hell eggeblandingen over og la det stivne på middels varme med lokket lukket.
4. Smak til med nyrevet pepper.

100. Vegansk omelett

- Koketid 5 til 15 min
- Porsjoner: 2 **ingredienser**
- 1 løk
- 400 g tofu

- **Tilberedning** av grønnsaker (etter smak).
1. Til den veganske omeletten kutt løken i små biter og stek i olje. Stek grønnsaker (tomater, paprika, sopp, etc.).
2. Pureer tofuen med en dæsj soya-fetter eller vann, salt, pepper eller gurkemeie. Brett inn den purerte tofuen, stek den og server den veganske omeletten med friske spirer.

KONKLUSJON

Husk at disse oppskriftene er unike, så vær forberedt på å prøve noen nye ting. Husk også at matlagingsstilen som brukes i denne kokeboken er enkel. Så selv om oppskriftene vil være unike og deilige, vil de være enkle å lage!

www.ingramcontent.com/pod-product-compliance
Lightning Source LLC
Chambersburg PA
CBHW050354120526
44590CB00015B/1693